KB059461

어떻게 하면 담대하게 살아갈 것인가

How To Have Courage, Calmness and Confidence

어떻게 하면 담대하게 살아갈 것인가
How To Have Courage, Calmness and Confidence

2024년 2월 15일 초판 1쇄 펴냄
지은이 파라마한사 요가난다
옮긴이 이현주
펴낸이 신길순
다듬은이 김수진
펴낸곳 도서출판 **삼인**
등록 1996년 9월 16일 제25100-2012-000046호
주소 03716 서울시 서대문구 성산로 312 북산빌딩 1층
전화 (02) 322-1845
팩스 (02) 322-1846
전자우편 saminbooks@naver.com
디자인 디자인 지폴리
인쇄 수이북스
제책 은정제책
ISBN 978-89-6436-260-0 03180

값 12,500원

파라마한사 요가난다의 지혜

어떻게 하면 담대하게 살아갈 것인가

이현주 옮김

삼인

발행인의 말

여기, 더없이 높은 힘이 당신 안에 있다고 주장하는 작은 책이 있다. 이 책을 유심히 읽고 스승의 언어에 담긴 힘을 받아들이며, 그의 간단한 제안들을 실습해보라. 당신이 만나는 온갖 도전들을 용기 있게, 평안하게, 그리고 배짱 있게 맞이할 수 있는 새로운 에너지가 내면 가득 차있음을 느끼게 될 것이다.

파라마한사 요가난다Paramhansa Yogananda는 1920년 인도에서 미국으로 건너와 영혼을 일깨우는 고대 과학 요가의 가르침과 기술을 서양에 소개한 사람이다. 그는 서양에 거처를 마련한 최초의 요가 스승이었고 그가 쓴『어느 요기의 자서전(Autobiography of a Yogi)』은 모든 시대에 통하는 베스트셀러가 되어 서양 사람들을 자기 안에 있는 영혼의 잠재력으로 안내한다.

요가는 사람의 에너지를 자기 내면으로 돌려 영적으로 깨어나게 해주는 고대 과학이다. 요가난다는 미국인들에게 실제적이고 영향력 있는 명상법을 가르쳐주는 것에서 그치지 않고 어떻게 그 기술을 일상에 적용할 것인지도 시범으로 보여주었다.

본서에 수록된 글들은 요가난다가 글로 쓴 가르침, 잡지『내

적 문화(*Inner Culture*)』와『동과 서(*East West*)』에 실린 글들, 그리
고 소책자『과학적 치유의 확언(*Scientific Healing Affirmation*)』에서
발췌한 것들이다. 여기 실린 대부분의 글이 다른 데서는 볼 수 없
는 것들이다.

제1장

용기勇氣,
영혼의 타고난 자질

Courage; An Innate Quality
of the Soul

성공, 건강, 지혜는 본디 영혼에 속한 것들이다. 많은 사람이 가난과 질병 따위로 고통 받고 있지만, 그릇된 생각과 습관에 자기를 일치시키거나 정신집중, 인내심, 용기가 부족한 데 그 진짜 원인이 있다.

당신은 지금 불안한 생각들로 성공할 수 있는 자기 실력을 스스로 마비시키고 있다. 성공과 심신의 완전함은 인간의 타고난 자질資質(quality)이다. 그가 하느님의 형상으로 만들어졌기 때문이다. 하지만 본인의 태생권리를 주장하려면 먼저 자신의 한계들에서 스스로 해방되어야 한다.

모든 것이 하느님께 속한 것이다. 그러니 언제나 아버지 하느님께 속한 것이 그분 자녀인 당신 것이기도 하다는 사실을 알라. 아버지의 모든 소유가 제 것임을 알고 충분한 만족감을 느껴야 한다. 당신이 타고난 자질은 완벽하고 충만하다. 그런데 당신 스스로 불완전과 결핍을 선택한 것이다. 천지만물이 자기한테 속한 것임을 느끼고, 그런 생각이 정신적 습관이 되어야 한다.

인간 에고ego한테는 하루하루가 영웅적 위업을 더 많이 달성할 새로운 기회다. 인생의 전쟁터에서 만나는 모든 사람, 모든 상황을 영웅의 용기와 정복자의 미소로 마주하라. 인생길에 무엇이 닥치든 그것을 하나의 임무(duty)로 여기라. 임무는 초超능력자가 인간에게 지우는 것이 아니다. 스스로 진화하려고 자기 안에서 치밀어 오르는 충동이다. 자신의 임무를 부인否認하는 것이 악의 근원인데, 지혜로 그것을 피할 수 있다.

　인생에 대해 불평만 하는 사람들과 어울리지 말라. 그들이 당신 안에 싹트는 씨앗을 뭉개버릴 수도 있다. 그런 사람들을 피하고 언제 어떤 상황에서라도 행복해지려 애쓰라. 당신이 만족하고 행복해지지 않는 한 하느님은 스스로를 결코 드러내시지 않을 것이다.

　전심귀의專心歸依한 사람(devotee)은 약한 마음을 품지 않는다. 그는 고상한 영적 성품들로 정신적 대상隊商을 꾸리고 '의지력(Will Power)'과 '귀의(Devotion)'를 푯대 삼아 자신의 여정에 나선다. 일단 가슴이 온갖 욕망에서 풀려나면 마침내 진정한 자유를 얻으리라는 것을 굳건한 믿음으로 안다. 앞으로, 또 앞으로 나아가며 높은 성취를 이루지만 그 어느 것에도 집착하지 않는다. 종점에 이를 때까지 결코 멈추지 않는다. 이런 사람이 참으로 전심귀의한 사람이다.

　설령 더 나아지기 위한 변화라 해도, 변화는 염려를 수반한다.

사람들은 '이걸 버리면 아무것도 남지 않는 것 아닐까?' 하고 생각한다. 모르는 것을 위해 아는 것을 버리려면 용기가 필요하다. 알지 못하는, 그래서 확실치 않은 행복 때문에 몸에 익숙한 고통을 포기하는 것조차 쉽지 않다. 사람 마음은 짐수레를 끄는 말과 같다. 날마다 다니는 길에 익숙해 새로운 길을 가는 것이 아무래도 어색하다. 사람 마음도 낡은 버릇이 불행만 안겨준다는 걸 알면서도, 그걸 쉽게 버리려 하지 않는다.

　유익한 변화는 용감하게 껴안아야 한다. 더 나은 무엇을 바라는 희망이 그에 저항하는 두려움과 부딪치면 마음이 결코 평화로울 수 없다. 그러니 변화를 받아들이라. 모든 것이 바뀐다는 사실이야말로 세상에서 변치 않는 유일한 진실이다. 끝없이 이어지는 습득과 상실, 기쁨과 슬픔, 희망과 절망이 우리네 인생이다. 한순간 시련의 폭풍으로 위협받다가, 다음 순간 밝은 햇살이 구름 사이로 비추고, 그러다가 돌연 하늘이 어두워지는 그런 세상이다.

　안락의자에 파묻혀 현란한 지적 이론들로 아까운 세월 낭비하는 자칭 '구도자'들과 달리, 진지한 구도자는 코앞의 어려운 일에 마음을 모은다. 참된 전사戰士는 겁이 나더라도 자기 힘이 필요한 전쟁터에 용감히 뛰어든다. 진정한 등산가는 눈앞에 깎아지른 벼랑이 버티고 있어도 그것을 정복하려는 발걸음을 결연히 내딛는다. 참된 구도자는 스스로에게 말한다. '완전함을 이룬다는 게 얼마나 어려운 과제인지 잘 안다. 그래도 내 모든 것을 쏟으리라. 하느님의 도움으로 분명 승리는 내 것이다!' 매일의 깊은 명상수련으로 그는 마침내 육신의 의식(flesh-consciousness)을 넘어 오랜 세월 잃었던 내면의 신성을 되찾을 것이다.

경건한 구도자여, 마음을 다잡으라! 아무리 당신 가슴의 토양이 감각적 방종放縱으로 메말라 굳고 갈라져도, 내적 통교通交의 평화로운 소나기로 다시 젖어 부드러워질 수 있다. 오랜 세월 시들었던 가슴의 열정이 되살아날 수 있다. 단지, 하느님과 통하는 오래 묵은 포도주를 한 번 더 마시기만 하라. 날마다 뜨거운 영성수련의 밭에서 새로워진 영혼의 지각知覺으로 흙을 갈아엎고 다시 한 번 영적 성공의 씨를 뿌리라. 그렇게 그것들이 신성한 기쁨의 알곡으로 자라는 것을 보라.

곤경이라고 생각하는 것에 부닥쳐 용기를 잃고 무너지는 대신, 배워야 할 것을 알게 해주시고 도전에 맞설 힘과 지혜를 키울 기회를 주신 아버지께 감사드리라.

인생이 주는 시련과 시험을 기꺼이 그리고 용감하게 대면하면 카르마karma(생애에서 생애로 이어지는 인과의 법칙과 그 결과-편집자)의 사슬을 풀 수 있다. 여전히 무언가를 두려워한다면 카르마는 풀리지 않는다. 그것을 풀고 싶다면 당면한 시련과 시험들을 피하려 들지 말라. 자기 안에 있는 하느님의 기쁨을 간직하며 그것들을 극복하라.

주어진 모든 순간마다 곤경을 극복하는 데 필요한 용기, 힘, 지능이 모두 자기 안에 있다. 몸과 마음을 고요하게 하라. 균형 잡힌 자신의 중심으로 물러나 계시는 아버지와 깊이 통교하라. 그분이 길을 보여주실 것이다.

[용기를 위한 다짐]

- 하느님의 평안을 끊임없이 생각하며, 언제 어디서나 시종일관 안전을 구하리라.
- 침묵하는 내 영혼의 얼굴에서 질병, 슬픔, 무지로 인한 두려움을 신성한 어머니의 평화로운 걸레로 닦아내리라.
- 선한 양심의 전쟁터 배후에서 나는 보호받고 있다. 나는 내 어두운 과거를 모두 불태웠다. 내 마음은 오직 오늘에 있을 따름이다. 모든 문제에 바른 해결책이 있다. 그 해결책을 알

아볼 지혜와 지능, 그것을 실천할 용기와 에너지가 모두 내
안에 있다.
- 하느님이 내 안에, 그리고 내 주위에 계시며 나를 지켜주신
다. 그래서 나는 그분의 안내하시는 빛을 가리고 나를 잘못
된 수렁에 빠져 넘어지게 하는 두려움의 그늘에서 벗어난다.

은밀한 두려움은 긴장과 불안을 조성하고 결정적으로 붕괴를
일으킨다. 우리는 자기 능력을 믿고 올바른 명분이 승리하기를 바
라야 한다. 그런 기질이 없다면 집중수련을 통해 스스로 만들어야
한다. 이는 지속적인 수련과 단단한 결심으로 이루어질 수 있다.

먼저 자신의 결점들을 확인해야 한다. 예를 들어 의지력이 부
족할 경우, 그에 대해 명상하고 꾸준히 노력하면 강한 의지력을 만
들어낼 수 있다.

스스로 두려움에서 벗어나고 싶으면 용기에 대해 명상해야
한다. 명상을 계속하면 언제고 두려움의 사슬에서 벗어나게 될 것
이다. 집중수련과 명상으로 자기를 강하게 만들어 집중하는 대상
에 초점을 모을 수 있다. 지속적으로 수련하면 일부러 노력하지 않
아도 한 가지 문제나 한 가지 책임에 에너지를 모을 수 있다. 그러
면 그것이 제2의 천성이 될 수 있다. 이렇게 새로운 기질을 지님으
로써 우리는 마침내 영적으로, 물질적으로 자신의 필생사업에 성

공할 것이다.

✢

　　슬픔은 객관적으로 실재하는 것이 아니다. 하지만 계속 그것을 확인하면 실재하게 된다. 마음속에서 확인하지 않으면, 슬픔은 더 이상 존재하지 않을 것이다. 이것이 내가 말하는 인간 안에 있는 영웅, 그의 신성 또는 타고난 본질이다. 슬픔에서 자유를 얻으려면 일상에서 자신의 영웅적 자아(heroic Self)를 살려야 한다.

　　슬픔의 뿌리는 내면에 영웅적 자질과 용기가 부족한 데 있다. 인간의 정신구조에서 영웅적 요소가 부족하면 그 마음이 온갖 스쳐지나가는 슬픔에 젖어든다. 정신을 정복하면 삶이 행복해지고, 정신이 패배하면 슬픔이 온다. 내면의 정복자가 깨어있는 한, 슬픔이 그 가슴의 문지방에 그늘을 드리우지 못할 것이다.

　　인생이란 전쟁터에서 눈물과 한숨은 나약한 마음이 흔들리며 겁낸다는 증거다. 싸움을 포기한 자들은 자신의 무지로 쌓인 장벽에 갇히고 만다. 끊임없이 닥치는 문제들을 극복하지 못한다면 그 인생은 아무것도 아니다. 당신 손으로 해결되기를 기다리는 온갖 문제는 삶 자체가 당신에게 부여한 성스러운 임무(religious duty)다.

　　문제로 가득하지 않은 인생이란 있을 수 없는 것. 본디 인생의 조건들은 좋은 것도 나쁜 것도 아니다. 그것들은 늘 중립적이고, 사람의 마음이 무겁냐 가볍냐에 따라 실망을 안겨주거나 용기를 심어줄 따름이다.

　자기가 처한 상황 속으로 빠져버리면 그는 시련과 불운과 슬픔의 그늘에 스스로 굴복하는 것이다. 내면의 영웅적 용기를 발휘해 그 상황을 딛고 일어날 때, 아무리 어둡고 위협적인 삶의 조건들이라도 따가운 햇살에 사라지는 안개처럼 흩어질 것이다. 사람의 슬픔은 본디 삶의 조건 속에 있는 것이 아니다. 그 마음의 나약함에서 생겨나는 것이다. 자기 안의 승리자(victor)를 깨우라. 내면의 잠든 영웅을 일으켜 세우라. 그리고 보라! 그 어떤 슬픔도 근처에 얼씬거리지 못할 것이다.

제2장

평정平靜,
힘의 근원

Calmness; the Source of Power

모두가 저마다 한 영혼, 한 몸을 지니고 있다. 미망에 빠진 사람은 자기 몸과 몸의 제반 조건들이 자기 영혼과 하나라고 생각한다. 몸은 상처입고 바뀌고 소멸할 수 있다. 제한되어 있으며 오래 못 간다. 그래서 몸을 자신이라 생각하는 사람은 스스로 부서지기 쉬운 나약한 존재라고 생각한다.

그러나 영혼은 어떻게든 상처입거나 바뀌거나 소멸되지 않는다. 위없이 높은 영(the Spirit)의 형상으로 만들어진 영혼(soul)은 언제나 고요하고 영원하며, 그 어떤 일로도 어지럽혀지지 않는다.

세속적 욕망에 사로잡힌 사람은 갈수록 약한 몸이 자기라고 생각하고, 따라서 질병과 죽음을 두려워한다. 한 영혼이 스스로 온갖 제약만 만들어내는 제 몸에서 눈을 돌려 미망이 사라질 때까지 계속 명상하면, 이윽고 영원한 영혼으로, 없는 곳 없는 성채에 살고 있는 자기를 보게 될 것이다. 사람마다 그 몸이 질병과 사고와 죽음의 위협을 당하는 것처럼 보일 때라도 자기가 그 어떤 변화나 죽음에도 침해당하지 않는 불멸의 존재임을 기억해야 한다. 누구든 자기 영혼에 집중하면서 덧없는 욕망에서 벗어나 영원한 자유를 되찾을 수 있다.

그러나 아무리 오래 명상을 했더라도 여전히 몸의 질병이나 죽음을 겁낸다면 그 사람은 아직 영혼의 불멸성을 깨치지 못한 것이고, 그만큼 깨달음에 가까이 간 것이 아니다. 마땅히 하느님과의 황홀한 통교가 이루어져 몸의 한계들을 잊기까지 당신은 더 깊이 명상해야 한다. 명상을 통해 자신이 몸의 온갖 변화들을 넘어선 존재라는 사실을, 꼴이 없고 없는 데가 없고 모르는 것이 없는 존재임을 깨쳐야 한다는 말이다.

삶은 곧 변화다.

언제 어디서나 속으로 고요하라. 평정심을 유지하라. 일할 때도 조용히 움직이라. 언젠가는 더 이상 운명의 파도에 휩쓸리지 않는 자신을 보게 될 것이다. 당신을 움직이는 힘이 중심에서 나올 것이며, 어떤 명분이나 외부 자극에도 휘둘리지 않을 것이다.

영성의 길을 가는 경건한 구도자로서 자신에게 닥치는 시련들에 너무 무게를 싣지 말라. 평정심을 유지하고 용감하게 걸으라. 고요한 내면의 신앙을 품고 날마다 앞으로 나아가라. 마침내 안 좋은 온갖 카르마의 그늘에서 벗어나 시련과 곤경 너머로 신성한 만족의 새벽을 맞을 것이다. 더없이 높은 의식으로 들어가 모든 불행의 짙은 안개에서 자유로워질 것이다.

오늘, 지금 당장, 멀어 보이지만 늘 가까운 약속의 땅으로, 하느님 안에서 맛보는 절대 만족의 흔들리지 않는 상태로, 한 걸음 내딛으라!

인생의 비극이든 희극이든 속으로 웃으면서 연기演技하라.

당신은 영원한 기쁨을 부여받은 불멸의 존재다. 끊임없이 바뀌는 육신의 삶을 연출하는 동안 절대 이 사실을 잊지 말라. 세상은 성스러운 연출가의 지시에 따라 저마다 제 몫의 연기를 펼치는 무대에 지나지 않는다. 그것이 희극이든 비극이든 자기 몫의 연기를 충실히 하되, 자신의 진짜 본성이 영원한 지복이며 다른 어떤 것도 아님을 언제나 기억하라. 결코 당신을 떠나지 않는 것이 하나 있다면 그것은 당신 영혼의 기쁨이다.

그러니 슬픔, 즐거움, 무관심 그리고 잠깐의 덧없는 평화로 이어지는 크고 작은 소용돌이로 뛰어들기 전에, 변함없는 지복의 고요한 바다에서 헤엄치는 법을 배우라.

온 마음을 기울여 수련하는 명상이 더없이 깊은 지복을 안겨준다. 언제나 고요한 마음을 현실에서 구현하라.

당신은 어떻게 균형을 잡는가? 돈 벌기가 어렵다면 균형 잡기는 더욱 어렵다. 삼각형을 만들어 한 면에 '달콤함' 다른 면에는 '고요함' 바닥에는 '행복'이라고 쓰라.

사람에게는 두 가지 본성(nature)이 있다. 사적인 본성과 공적인 본성이 그것이다. 사적인 본성은 혼자 있을 때, 아무도 보지 않을 때 그 엉클어진 모습을 드러낸다. 많은 사람이 외출할 때 겉옷은 잘 차려입지만 속옷은 대충 입는다. 집안에서는 "짜증나."라고 말하지만 밖에서는 "그간 안녕하셨습니까?"라고 우아하게 묻는다.

우리는 몸과 마음과 말이 한결같아야 한다. 말할 때와 생각할 때 고요하라. 고요를 유지하고, 평화를 유지하고, 균형을 유지하라.

밤마다 잠자리에 들기 전, 이렇게 말하라. "나는 균형의 보좌에 앉아있는 평화의 왕자다." 균형이 당신의 중심이다. 빠르게 움직이든 느리게 움직이든, 평화의 왕자다운 모습을 잃지 않을 것이다.

많은 이들이 한결같은 행복과 평화로 가는 길을 알고 있다. 그러나 그 길을 가는 걸음이 더디다. 사람들은 가르침을 받고 금방 잊어버린다. 영성수련을 활용하라. 스스로 경건한 삶을 살라. 그러면 길에서 만나는 모든 사람, 모든 사건이 자신을 도울 것이다. 평화와 조화 속에 살고 싶다면 신성한 고요와 평화를 확인하고, 오직 사랑과 선의에서 나오는 생각들만 밖으로 나타내라.

즐거움과 아픔, 취득과 상실, 승리와 패배 앞에서 평정심을 유지하라. 그러면 죄를 범하지 않을 것이다.   『바가바드기타』 2;38

이 경구는 속세의 사업가, 윤리적인 개인, 영적 순례자 모두에게 주는 안내문으로 번역할 수 있다.

사업에 성공하고 싶은 사람은 갑작스러운 재물의 취득이나 상실에 마음이 휘둘리지 않아야 한다. 한 번의 성공에 기고만장하지 않는 사업가는 그 집중된 마음이 더 큰 성공으로 가는 길에서 어긋나지 않는다. 반면 한 번의 실패에 절망하는 사업가는 마음의 집중력을 잃고 다음 번 성공을 위한 새로운 노력으로 들어가지 못한다.

사업에 성공하고 싶은 속세의 사업가는 끊임없이 바뀌는 상황들을 고요한 마음으로 맞아야 한다. 그 사람은 힘 있는 트랙터처럼 삶의 현장에서 부닥치는 오르막 내리막들 위로 쉽게 움직여 나아갈 수 있다.

윤리적인 개인은 큰 유혹에 넘어가지 않았다고 해서 너무 기뻐하거나, 어쩌다 유혹에 넘어갔다고 해서 쉽게 실망하지 말아야 한다. 윤리적인 개인은 자신을 완벽하게 통제할 수 있을 때까지 흔들림 없이 앞으로 나아가야 한다. 일시적 성공의 설익은 기쁨이나 일시적 실패의 조급한 실망에 윤리적 성장의 길이 가로막혀서는 안된다.

끝으로, 영적 순례자는 수년 동안 깊은 명상으로 신성한 기쁨을 맛보게 되었더라도 궁극의 지복에 이르기까지 멈추지 말고 수련에 정진해야 한다. 많은 순례자들이 영혼의 초超의식적 기쁨과 몇 줄기 천상의 빛살을 보았다며 자기만족에 빠져든다. 그래서 더 깊은 명상 속으로 들어가려 하지 않고, 결국 자기 의식을 위없이 높은 영의 없는 곳 없는 의식과 합일시키는 데 실패하고 만다.

규칙적으로 명상을 수련하다가 내면의 잠재의식이 갑작스럽게 폭발해 낭패를 본 영적 순례자는 스스로 절망하거나 하느님에 더 깊이 연결되기 위한 새로운 명상수련으로 들어가기를 포기해서는 안된다. 위없이 높은 영에 닻을 내리기까지 고요하든 거칠든 온갖 경험들의 바다에 '마음 집중'이라는 배를 띄우고 항해를 계속해 위없이 높은 영과 끝없이 통교하는 기슭에 닿아야 한다.

취득과 상실, 또는 승리와 패배에서 오는 일시적인 고무鼓舞나 실망의 파도로부터 자유로운 요기yogi는 마음이 잔잔한 호수 같아서, 자기 안에서 위없이 높은 영의 흔들리지 않고 선명한 그림자를 발견한다.

흔들리지 않는 고요는 깊고 깊은 명상으로 얻을 수 있다. 한결같은 고요는 모든 것에 침투하는 빛처럼 모든 물질을 통과해, 마침내 없는 곳 없는 영의 중심에 가서 닿는다. 큰 뜻을 품은 요기는 명상을 통해 얻는 내적 인식에 마음을 든든히 두고 초超의식적 기쁨의 폭발이나 불안한 잠재의식의 폭발 따위에 마음이 휘둘려서는 안된다. 그런 요기는 변함없는 고요의 제단에 항상 새롭고 기쁨 충만한 위없이 높은 영의 안식처를 마련한다.

기억하라, 그분이 항상 당신 곁에 계시며 당신을 인도하시고 당신에게 용기를 주신다. 온종일 내면에서 인도하는 그분의 음성을 듣는 법을 배우라. 무슨 일을 하는데 힘들거나 혼돈스럽거나 불가능해 보일 때면 속으로 말하라. '아버지, 이것은 당신의 일입니다. 저는 다만 기꺼이 당신을 섬기겠습니다.' 즉시 모든 긴장이 풀리고 일도 쉬워 보일 것이다.

고요가 평화보다 역동적이고 더 강하다. 고요는 사람이 살면서 부닥치는 온갖 장애를 극복할 힘을 준다. 모든 상황에서 고요를 유지하는 사람을 만나보기가 쉽지 않다.

[고요를 지키기 위한 다짐]
- 마음이 흔들리고 불안하고 어지러울 때, 고요를 회복하기까지 침묵과 분별력과 집중 가운데 편안히 쉬리라.
- 그리스도의 마음이 나를 통해 빛난다. 그러므로 내 마음은 밝고 맑다. 질서와 조화가 내 모든 일을 다스린다.
- 아버지 뜻을 실현하는 데 나의 힘과 재능을 집중할 때만 행

복과 이해와 창조적 표현의 기쁨과 완전한 평화와 균형이
나의 것이다.

지나친 잡담과 오락 따위로 마음을 어지럽히는 일이 없도록
하라. 깊이 들어가라. 당신이 어수선해질 때마다 섹스, 술, 돈 같은
말썽쟁이들이 마음을 사로잡을 것이다.

물론 경우에 따라 약간의 재미나 웃음을 맛보는 것은 좋다. 나
도 당신처럼 가끔 웃는다. 그러나 일단 한번 진지해지기로 마음먹
으면 그 무엇도 누구도 내 안의 참자아에서 나를 끌어내지 못한다.

모든 일을 깊고 진지하게 하라. 웃을 때도 내면의 고요를 잃지
말라. 즐거워할 때도 언제나 한 발을 빼라. 내면의 기쁨에 중심을
두라.

언제 어디서나 고요한 자아에 머물러 있으라. 필요할 경우 잠
시 나와서 먹고 말하고 일도 하다가 이내 다시 고요한 자아로 돌아
가라.

고요하게 행동하고, 행동하며 고요하라. 여기에 요기의 길이
있다.

욕망과 분노는 지혜로 가는 길에 가장 큰 장애물이다. 그것들

이 마음의 평화를 부수고 이해의 샘물을 어지럽힌다. 분노에 사로 잡히면 흔히 이렇게 생각하게 된다. '이런 망할 것!' 그리고 씩씩대면서 결과는 생각지도 않고 터무니없는 짓을 벌인다.

욕망 또한 마음을 어질러놓는다. 욕망이 채워지지 않으면 분노가 솟구친다. 속으로 항상 고요하고 어디에도 집착하지 않는 것이 중요하다. 무슨 일이 닥치더라도 흐트러지지 않은 마음으로 맞아들이라. 나는 자주 말한다. "무엇이 오든지 온 대로 가겠지. 가게 놔두자." 좋은 일이든 안 좋은 일이든 모두 그렇다. 늘 고요한 마음, 이것만이 올바른 인식을 줄 수 있다. 그러면 신뢰할 만한 분별력으로 행동하게 될 것이다.

얼마 전, 심장에 만성통증이 있는 한 남자가 나를 찾아와서 말했다. "이런저런 요법을 다 써봤지만 소용이 없군요. 저 좀 어떻게 해주세요."

말없이 직관으로 그를 관찰하고 나서 그에게 가위를 가져오라고 했다. 그가 의아하다는 표정으로 물었다. "지금 가위로 내 심장을 수술하겠다는 겁니까?" 내가 웃으며 말했다. "나는 의사가 아니오. 그리고 어떤 의사가 심장을 가위로 수술했다는 말 들어봤소?"

그가 가위를 가져왔다. 나는 그가 입은 조끼의 단추 하나를 가위로 잘라내고서 이 자리에 다른 단추를 달지 말라고, 그리고 두

번 다시 이 부분에 손을 대지 말라고, 그렇게 보름쯤 지난 뒤에 다시 찾아오라고, 아마 그때쯤은 병이 나았을 거라고 말해주었다.

남자가 웃으며 말했다. "일단은 선생님을 믿으니까 하라는 대로 하겠습니다. 하지만 이건 진짜 웃기는 처방이라고 봅니다."

보름 뒤에 그가 기쁨에 넘친 얼굴로 찾아와서 말했다. "의사가 제 심장병이 다 나았다고 했어요! 선생님, 어떻게 하신 겁니까? 무슨 귀신이라도 쫓아내셨나요?"

내가 웃으며 말했다. "맞아요, 그랬어요. 지난번에 말하는 동안 보니 당신 손이 계속 심장 부근의 단추를 만지작거리던데, 그것이 심장을 성가시게 건드리는 '귀신'이었어요. 그 성가신 단추가 없어지니까 심장이 더는 당신을 괴롭히지 않게 된 겁니다."

제3장

배짱, 당신은
무한하신 이의 자녀다

Confidence; You Are a Child
of the Infinite

　　창조하는 영(spirit)의 의식이 사람의 영혼에 있다. 그래서 사람은 무엇을 원하든지 그대로 할 수 있다. 무한 능력을 지니신 하느님의 형상으로 창조되었기 때문이다. 하느님이 주시는 힘만 받아서 쓴다면 그 사람은 자기 운명의 주인이다. "생각이 중요하다." 심리학에서 이 말은 널리 알려진 사실이다. "사람이 중심에서 생각하는 것이 곧 그 사람이다." 이 말은 많은 이들의 삶에 혁명을 일으키고 삶을 바꿔놓은 진실이다.

　　거룩하신 하느님의 영이 당신 아버지고, 그분이 우주와 그 안에 있는 모든 것의 소유주라는 의식을 기르라. 그분의 사랑스러운 자녀인 당신에게는 그분처럼 모든 것을 소유할 절대 권리가 있다. 무엇도 구걸하거나 빌지 말라. 이미 모든 것이 내게 있다고 믿으며, 내가 할 일은 하느님의 자녀로서 무한하고 자연스러운 확신으로 그것을 받는 것뿐이라고 생각하라.

　　거지로 살지 말라! 자신이 우주를 다스리는 황제의 자녀임을 깨치라.

　　하느님은 모든 기도에 응답하신다. 하지만 부실한 기도는 아주 조금만 들어주신다. 내 것이 아닌 것을 남에게 주려고 한다면, 그

건 허무한 몸짓에 불과하지 않겠는가? 마찬가지로 하느님께 기도
하면서 자신의 생각을 온통 쏟아 붓지 않는다면 그 기도는 힘이 없
을 것이다. 기도할 때는 생각과 느낌으로 온전히 그 기도에 초점을
맞추어야 한다. 그러지 않으면 당신의 찔끔찔끔한 기도에 하느님
도 찔끔찔끔 응답하실 것이다. 응답을 아주 작은 티스푼으로 조금
씩 덜어주실 것이다. 사람들의 기도가 분명하고 다정한 자녀의 요
청이 아니라 반신반의하는 거지의 웅얼거림 같은 경우가 참 많다.

　아이가 부모의 보호를 받으며 안전한 곳에서 행복하게 지내
듯 경건한 구도자 또한 하느님의 자녀로서 모든 것을 보호하시는
그분 능력에 힘입어 두려움을 모르고 살아간다.
　반면에, 자기 영혼이 하느님의 자녀인 줄 모르고 사는 사람은
다른 누구 아닌 바로 자신에게서 온갖 괴롭힘을 당하게 된다. 그렇
게 수치심, 두려움, 근심걱정, 집착 따위로 번뇌의 바다에 익사하
는 것이다.
　하늘 아버지 앞에서 우리는 어린 자녀가 되어야 한다. 그분이
그것을 좋아하신다. 하느님이 우리에게서 바라시는 것은 정밀한
조직신학이나 귀에 거슬리지 않도록 빈틈없는 형식을 갖춘 기도
가 아니다. 그분은 우리가 어린아이처럼 단순한 사랑으로 그분을
사랑하기를 원하신다.

연속되는 실패가 닥치더라도 실망하지 말라. 그것들은 당신의 육체 또는 정신의 성장을 위한 영양제다. 독이 아니다. 실패할 때야말로 성공의 씨를 뿌리기에 가장 좋은 계절이다.

　　실패 이후의 새로운 노력은 마땅히 잘 설계되고 온 마음이 거기에 집중되어야 한다. 안 좋은 버릇 때문에 성가시다면 다음 두 가지를 권한다. 소극적으로는, 그것을 피하려는 마음에 묶여서 오히려 거기에 집중하는 일 없이, 버릇대로 하지 않는 노력을 하는 것이다. 적극적으로는, 마음을 다른 좋은 버릇으로 모으고 그것이 자신의 일부가 되기까지 계속 몸에 익히는 것이다.

　　스스로 더 나아질수록 그만큼 주변 사람들한테도 도움이 될 것이다.

　　칭찬으로 당신이 더 나아지거나 비난으로 당신이 더 못나지는 것이 아니다. 그런데 왜 이 둘에 마음을 쓰는가? 사람들이 칭찬할 때는 그 말에 귀 기울이지 말고, 사람들이 비난할 때는 조심히 자신을 살펴보라. 뭔가 허물이 보이면 지체 말고 잘못에서 벗어나라. 하지만 죄의식을 품거나 웃어넘기거나 잊어버리지는 말라. 진실이 당신을 드러내줄 것이다.

[배짱을 위한 다짐]

- 참나무의 완전한 꼴이 도토리 안에 있듯이, 내 삶의 완전한 꼴이 처음부터 내 안에 있었다. 이제 그것이 아무 장애 없이 표출되도록 모든 노력을 다 하겠다.

- 오늘 당면한 문제들을 풀어내는 데 필요한 힘과 지능이 모두 내 속에 있다. 그 힘과 지능을 필요한 만큼 쓸 수 있도록 그것들을 온전히 신뢰하면서 오늘을 살겠다.

- 내 생각들에 제한을 두지 않겠다. 내가 곧 생명, 지능, 건강, 기쁨, 평화 그리고 힘이다. 이것이 내 존재의 본질적 진실이고, 그것들을 옹글게 드러내겠다.

- 좋든 나쁘든 모든 조건을 성공의 도구로 삼겠다. 극복하는 영혼에게는 코앞의 위험조차도 하느님의 축복으로 다가온다.

- 하느님이 베푸는 환한 햇살이 내가 만든 한계라는 깜깜한 하늘을 뚫고 쏟아져 내린다. 나는 그분의 자녀다. 그분한테 있는 것이 나한테 있는 것이다.

- 하느님의 힘에는 한계가 없고, 그분의 형상으로 빚어진 나에게도 온갖 장애를 극복할 힘이 있다는 것을 나는 안다.

- 난관처럼 보이는 것마다 내 안에 있는 힘을 풀어놓으라는 신호에 지나지 않고, 그 힘을 드러낼 때 내가 그만큼 강해지

고 지혜로워진다는 사실을 안다.

- 어느 때 어느 곳에나 하느님(God) 또는 선善(Good)이 있기에, 나의 선善이 언제나 나와 함께 있으면서 내가 저를 밖으로 불러내주기를 기다리고 있다. 그러니 나에게 필요한 것을 필요한 때에 가져다주는 '없는 곳 없는 선善'의 힘을 온전히 믿고 앞으로 나아가겠다.

　정신적 침체와 협소함이라는 골방에서 나오라. 다른 사람들의 생동하는 관점과 생각이라는 신선한 공기를 마시라. 육체로, 정신으로, 진보한 마음들로부터 정신의 자양을 섭취하라. 당신과는 다른 사람들 안에 있는 창조적 생각들로 잔치를 벌이라. 자기신뢰의 오솔길을 오래 산책하라. 낙심, 불안, 절망의 독기를 내보내라. 성공이라는 신선한 산소를 마시며, 하느님의 도우심으로 나아지고 있음을 알라. 그러면 영혼의 배터리가 충전될 것이다. 깊은 명상을 통해 하느님의 지복을 경험하며 정신적 침체에서 벗어나 정신건강과 지혜를 점점 더 많이 얻을 수 있다.

　온갖 정신적 독극물을 제거하고 새로운 결심, 용기, 끊임없는 노력과 집중의 신성한 자양을 섭취하라. 매우 어려운 일들도 쉽게 극복하는 법을 배우게 될 것이다.

✤

외부 영향들이 마음속에 들어와 내적 환경을 조성하는 통로
는 수없이 많다. 건강하지 못한 것들이 속으로 들어와서 잠재의식
으로 쌓이도록 두지 말라. 지금 읽는 책이 어떤 수준인지, 함께 어
울리는 사람들이 어떤 부류인지, 가족과 마을과 날마다 겪는 일
들이 자신에게 어떤 영향을 미치는지 잘 살펴보라. 가족들로부터
"너는 안돼. 무엇을 해도 네 실력으로는 어림없어." 이런 말을 자
주 듣고 그 말이 잠재의식에 깊이 새겨져서, 말 그대로 아무것도
되는 일이 없는 사람들이 많다.

자신을 학대하지 말라. 깨어나라! 스스로 불행을 선택하지 않
는 한, 아무도 당신을 불행하게 만들 수 없다는 사실을 기억하라.
언제 어떤 조건에서도 자기 행복을 지키기로 굳게 결심하면, 누구
도 무엇도 당신을 불행하게 할 수 없다.

[행복을 위한 다짐]

- 나는 어떤 일이 닥쳐도 그것이 아직 내딛지 않은 다음 단계
  로 가는 통로임을 안다.
- 나는 아무리 쓰라린 시련이라 해도 그것을 환영한다. 그것
  을 이해할 지능과 극복할 힘이 내 안에 있기 때문이다.
- 나는 모든 시련이 주는 교훈을 기꺼이 받아들이며, 그것을

극복하면서 더욱 밝아지고 커져가는 나의 지능과 힘에 감사한다.

[1934년에 쓴 글]

저마다 공황恐慌이라고 외쳐대는 지금이야말로 공황(depression)을 눌러버릴(depress) 때다. 출근할 직장이 없더라도 주저앉지 말라. 집에 틀어박혀 공황을 탓하기만 한다면 곤경을 헤치고 나오는 길을 보여줄 창조적 생각의 힘을 발휘하는 대신, 스스로에게 낙망과 슬픔으로 자기 마음을 마비시키는 부당한 대우를 하는 것이다.

몸이 약하거나 휴식이 필요해서 게으른 것은 봐줄 수 있다. 하지만 생각조차 귀찮아할 정도로 게을러서 내면까지 눌어붙은 사람들은 용납하기 어렵다. 그들은 성공할까봐 두려워서 뇌를 쓰지 않으려는 사람들이다! 낙망과 슬픔에 사로잡혀 내면의 힘을 마비시키는 것은 결코 잘하는 일이 아니다. 주저앉아 칭얼거리는 대신 자신을 위해 무엇을 어떻게 할 수 있는지 계속 열심히 생각해야 한다. 자신을, 자신의 창조력을, 일할 수 있는 재능을 끊임없이 시끄럽게 선전하라. 그러면 온 도시의 회사들이 당신을 조용하게 만들려고 기꺼이 일자리를 줄 것이다. 그렇게 고용이 되거든 자신이 회사에 없어서는 안되는 사람인 것을 고용주에게 증명해야 한다.

빛 앞에서 어둠은 맥없이 스러진다. 당신이 끊임없이 "넉넉해!" 하고 소리치면 공황이라는 생각조차도 밀려나갈 것이다. 물질 때문에 고통스러운데 거기에 정신적 패배감까지 보태 자신을 해칠 이유가 없다. 당신은 용기와 의지력과 창조적 사고思考라는 작은 초로 가족과 이웃의 가슴에 희망의 촛불을 밝힐 수 있다.

자기신뢰와 풍요의식(abundance-consciousness)이 공황보다 빠르게 퍼진다는 사실을 기억하라. 태양이 지구 반쪽을 빠르게 점령하듯이, 기쁨과 풍요의식의 힘이 자신과 가족, 이웃, 나라, 세계의 어두운 영역으로 빠르게 퍼질 수 있다.

열등의식이 있다면 성공, 건강, 지혜가 본래 당신의 타고난 권리임을 기억하라. 당신이 겪는 어려움은 이런저런 요인으로 초래된 나약함 때문에 생긴 것이다. 굳은 결심, 용기, 상식적 행동, 그리고 하느님과 자기 자신에 대한 믿음으로 그것을 극복할 수 있다.

그러니 실패자라는 생각이 자꾸 들면 자신의 정신적 태도를 완전 바꿔버리라. 크게 성공할 수 있는 잠재력이 모두 자기 안에 있다는 신념이 흔들리지 않도록 하라.

시련이 너무 커서 낙심하더라도 나아지려고 꾸준히 노력하면, 하느님의 형상으로 창조된 당신에게 그 모든 시련보다 훨씬 강력한 무한능력이 있음을 알게 될 것이다. 결국은 승리하리라는 마음을 단단히 먹고 성공을 위한 노력에 집중하라. 마침내 승리하게 될 것이다.

지난날에도 이런저런 어려움을 겪었지만 그것으로 자신이 무너지지 않았다는 사실을 기억하고, 자기 안에 있는 신성한 힘을 총동원해 끝내 성공하리라 굳게 결심하라. 하느님은 당신이 삶의 온갖 시련들을 극복하고 '그분의 지혜'로 귀향하기를 바라신다.

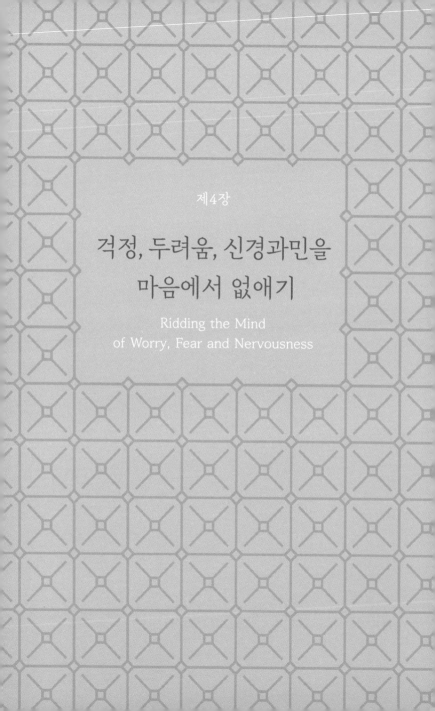

제4장

걱정, 두려움, 신경과민을
마음에서 없애기

Ridding the Mind
of Worry, Fear and Nervousness

걱정은 너무 많은 일을 너무 급히 하려는 데서 오는 결과다. 주어진 일거리를 벌컥 삼키지 말고 한 번에 하나씩 '집중'이라는 이빨로 천천히 씹어 삼키라. 그런 다음 '옳은 판단'이라는 침으로 그것들을 소화하라. 소화불능에서 오는 걱정을 피하게 될 것이다.

근심걱정이라는 독극물로 마음에 먹이를 주지 말라. 걱정거리들이 당신을 가지고 놀게 두지 말고 그것을 치워버리는 법을 배우라.

정신적인 병약함으로 고통스럽거든 정신 단식(mental fast)을 시도해보라. 건강을 되찾아주는 정신 단식이 마음을 맑게 해주고, 아무거나 함부로 먹어서 마음속에 쌓인 독을 씻어줄 것이다.

걱정 단식을 계속하라. 하루에 세 번, 온갖 걱정을 털어버리는 것이다. 아침 7시에 스스로에게 말해주라. "간밤의 모든 걱정을 떨쳐버린다. 코앞의 할일이 아무리 염려되어도 7시에서 8시까지 한 시간 동안은 모든 걱정 사절이다. 지금 나는 걱정 단식 중이다." 정오에서 오후 1시까지 또 말하라. "나는 지금 기분이 좋다. 걱정하지 않는다." 저녁 6시에서 9시까지, 배우자나 견디기 어려운 친구들과 함께 있는 동안 마음으로 굳게 결심하라. "이 세 시간 동안 아무튼 걱정하지 않겠다. 욕을 먹더라도 초조한 모습은 보이지 않겠다. 걱정 잔치에 오라는 달콤한 유혹에도 넘어가지 않겠다. 걱정이라는 소동으로 내 평화로운 마음을 망가뜨리지 않을 것이다. 나는 걱정에 말려들 수 없다. 지금 걱정 단식 중이니까." 하루 일과에서 얼마 동안 걱정 단식에 성공할 수 있으면 하루나 사흘 또는 한 주간으로 단식 기간을 늘여보라. 이렇게 해서 몸의 모든 기관에 걱정이 쌓이는 것을 미리 막는 것이다.

걱정의 향연에 푹 빠지게 되었다면 부분적으로나 전체적으로 하루 또는 한 주 동안 꼬박 걱정 단식을 해보라. 걱정하지 않는 마음이 웬만큼 굳어졌으면 문제 해결에 곧장 들어가라. 아무리 어려운 일이라도 최선의 노력으로 조용히 해결하면서 동시에 걱정을 완전 떨쳐버릴 수 있다. 스스로에게 말해주라. "문제 해결을 위해 최선을 다하고 있다는 사실에 충분히 만족한다. 그래서 행복하다. 걱정할 이유가 전혀 없다."

걱정 단식을 하는 동안 모든 상황에서 솟구치는 신선한 평화의 샘물을 충분히 마시고 언제 어디서나 즐기며 살겠다는 결의로 생기를 내라. 일단 만사를 즐기기로 마음먹으면 어떤 것도 당신을 불행하게 만들 수 없다. 좋지 않은 무엇을 걱정해서 마음의 평화를 깨뜨리는 일이 없기로 선택하면 누구도 당신 기를 꺾지 못할 것이다.

어떤 상황에서도 행동을 바르게 하는 데만 마음을 쏟고 결과에는 신경 쓰지 말라. 결과는 말 그대로 하느님께 맡기고 당신은 이렇게 말하라. "이 상황에서 나름 최선을 다했다. 그러므로 나는 충분히 행복하다."

걱정 단식은 걱정이라는 독을 이기는 하나의 소극적 방법이다. 적극적인 방법도 있다. 걱정 바이러스에 감염된 사람은 검소한 잔치를 즐기되 기쁨으로 사는 사람들과 정규적으로 만나야 한다. 날마다, 짧은 시간이라도, '기쁨에 감염된' 마음들과 어울리라. 무엇으로도 웃음의 노래를 잠재울 수 없는 사람들이 있다. 그들을 찾아서 그들과 함께 생동하는 음식과 즐거움으로 잔치를 열라. 웃음 요법을 착실히 실천하면 한두 달 안에 자신에게서 일어나는 변화를 보게 될 것이다. 마음이 밝은 햇살로 충만해질 것이다.

　　마음은 반드시 고요를 드러내야 한다. 일상 속에서 걱정과 어려움이 닥칠 때 마음이 물 같아야 한다. 물은 거죽에서 일어나는 물결들에 어떤 영향도 받지 않는다. 게으름은 어떤 핑계도 댈 수 없거니와, 지나친 책임의식에서 생겨나는 불필요한 걱정들과 함께 조심스레 피해야 할 것이다. 건강, 평화, 행복 없는 물질적 성공이 아무 가치도 없는 것임을 기억하라. 성공은 했지만 걱정근심이라는 병을 앓고 있다면 그게 다 무엇인가?

　　그러니 걱정근심을 놓아버리라. 아침저녁으로 절대 고요에 들어 모든 생각을 비우고 얼마쯤 시간을 보내라. 그런 다음 살면서 겪어본 몇 가지 행복한 일들을 기억하고, 걱정들이 완전 지워질 때까지, 즐거웠던 경험들 속으로 거듭거듭 들어가라.

　　과거와 현재의 어려운 일들, 꼬리를 무는 책임의식의 중압감,

언제 닥칠지 모르는 돌발 사태에 대한 두려움, 사람을 어지럽히는 생각과 집착들로부터 마음을 자유롭게 해줄 힘이 정신적 이완弛緩에 있다. 누구든 착실한 수련생활로 정신적 이완에 통달할 수 있다. 본인의 의지로 온갖 생각에서 자유로워지고 끊임없이 내면의 평화와 만족에 집중함으로써 그 경지에 도달할 수 있는 것이다.

두려움은, 그것이 사람 마음을 고요한 집중으로 쏠리도록 자극하는 해독제로 사용되지 않는 한 정신적 독극물이다. 자석이 쇳조각을 끌어당기듯 두려움은 두려움의 대상을 끌어당긴다.

두려움은 신체의 통증을 키우고 온갖 정신적 번뇌를 불러들인다. 심장, 신경계, 두뇌에 파괴력을 행사한다. 정신적 창의, 용기, 판단, 상식 그리고 의지력을 무너뜨린다. 두려움은 모든 것을 정복하는 우리 영혼의 확신과 능력을 질식시킨다.

무언가 자신을 해칠 것 같을 때, 그에 대한 두려움으로 자신의 창조하는 능력을 틀어막지 말라. 대신 위험을 피하기 위한 실제적 방안을 찾는 하나의 지팡이로 그것을 활용하라.

무언가 자신을 위협하거든 멍하니 가만있지 말고 조용히 자신의 의지와 판단력을 동원해 뭐든지 하라. 무서운 가능성들을 계속 생각하면, 잠재의식과 초超의식 안에서 그것들의 뿌리가 뽑힐 때까지 실패와 질병에 대한 두려움만 자랄 뿐이다. 그 두려움이 당신 밭에 씨를 뿌려서 독초로 자라나 두려움의 열매를 맺게 하는 것이다.

실패와 질병에 대한 두려운 마음을 제거할 수 없거든 재미나고 유익한 책을 읽거나 해롭지 않은 오락 쪽으로 마음을 돌리라. 꼬리를 무는 두려움이 마음에서 사라지면 용기를 내어 무엇이 자기 일상의 토양에 실패와 질병을 심어놓았는지 찾아보고 그 뿌리를 뽑으라.

전에 무슨 사고를 당했거나 병을 앓았더라도 그것들을 겁내지 말라. 오히려 그것들을 겁내는 것을 두려워하라. 그런 두려움이 질병과 사고라는 의식을 만들어내고 그것이 강력해지면 두려워하는 바로 그것을 당신에게로 끌어당길 것이기 때문이다. 두려움이 없다면 그것들을 피하게 되거나 아니면 적어도 그 힘이 약해질 수 있다.

겁내기를 거부함으로써 두려움을 죽이라. 비록 고통의 바다에서 요동치거나 저승사자가 문을 두드리더라도 당신은 영원한 하느님의 성채 안에서 안전하다는 사실을 알라. 하느님의 밝은 햇살이 어두운 날의 으르렁거리는 구름들을 흐트러뜨리고, 흉흉한 파도들을 잠재우며, 당신이 요새 안에 있든 고난의 총알이 빗발치는 전쟁터에 있든 안전하게 지켜주실 것이다.

두려움이 오면 몸을 한번 움츠렸다가 이완하면서 몇 번 길게 숨을 내쉬라. 고요와 침착의 스위치를 올리라. 옹근 정신의 장치를 일깨우고 의지의 진동을 속으로 울리라. 그런 다음 의지력을 조심성과 바른 판단이라는 톱니바퀴에 밀착시키라. 그것을 계속 회전시켜 자신만의 특별하고 절실한 침착함으로 피신하는 실천적 아이디어를 고안해내라.

두려움을 그냥 두면 두려워하는 버릇이 잠재의식에 새겨질 것이다. 그러면 일상 속에서 두려운 일이 닥칠 때마다 그 잠재된 버릇이 발동해 두려워하는 것을 과장하고, 두려움에 맞서려는 의지를 마비시킬 것이다. 인간은 하느님의 형상으로 창조되었고, 그래서 하느님의 능력과 가능성을 모두 지닌 존재다. 그러므로 자기가 겪는 어려움이 하느님의 신성하심보다 크다고 생각하는 건 명백한 잘못이다. 지금 겪는 어려움이 아무리 대단해도 그것을 극복할 힘이 자신에게 있음을 기억하라. 하느님은 당신이 시험에 넘어가도록 놔두지 않으시고, 당신이 견딜 수 없는 시련은 주시지 않는다.

두려움 때문에 정신적 타성, 마비 또는 의기소침에 빠져서는 안된다. 오히려 그것 때문에 침착하고 조심스럽게 행동하며 경거망동과 수줍음을 피하는 데 박차를 가하라. 힘차게 용기를 내고 자신의 의식을 내면의 절대 평화로 옮기라. 그렇게 해서 내면으로부터 두려움의 뿌리를 뽑으라. 질병이나 실패 따위를 두려워하지 않는 건강하고 넉넉한 사람들과 어울리라.

무대공포증은 사람들에게 신경과민을 일으켜 다른 일도 자연스럽게 할 수 없도록 만드는 두려움의 일종이다. 수줍음이 있어 무대에 오르는 것이 겁난다면 마음을 고요하게 하고 자신에게 필요한 힘, 사람들을 설득하고 위없이 높은 영이 자신을 통해 일하게 하는 힘이 모두 당신 안에 있다는 사실을 기억하라.

무대공포증과 소심증은 자기를 깊이 들여다보고 마음을 고요히 하면 없앨 수 있다. 아래에 몇 가지 수련법을 소개한다.

1) 심호흡을 한다. 무대에 서기 전, 양미간에 마음을 모으고 서너 번 깊게 숨을 쉰다.
2) 무대에 서서 담대하고 진실하고 재치 있게 말하고 행동하는 본인의 모습을 마음으로 생생하게 그려본다.
3) 몸을 긴장시켰다가 풀어주는 행위를 반복해 신경과민을 해소한다.

4) 무대에 서기 두 시간 전이나 직전에 목욕을 한다. 시간이
   촉박하면 신체의 노출된 부분만이라도 냉수로 씻어준다.
5) 겸손한 태도는 사람들의 눈길과 지지를 유발하는 마법 같
   은 것이다. 반면에 교만한 자세는 사람들의 냉소와 무관심
   을 부른다. 열등의식은 사람들이 당신을 믿지 않거나 딱하
   게 여기거나 얕잡아보게 만든다. 또한 본디 자신에게 있는
   가능성을 스스로 무시하고 능력을 깎아내리게 한다. 하느님
   이 함께 하고 계신다는 것을 알기에 자기 능력과 공연의 긍
   정적인 결과에 대한 자신감으로 무대에 오르기 전까지 행복
   하고 충만할 것이다. 사람들이 당신을 좋아하고 가까이 할
   수 있도록 마음을 가다듬는다.
6) 말과 행동과 필요하면 노래하는 실력까지 두루 갖춘 훌륭한
   교사로부터 성심껏 테크닉을 배워서 내 것으로 삼는다.
7) 무대에 서기 대여섯 시간쯤 전에, 예를 들면 오후 8시 무대
   에 오를 경우 오후 2시쯤, 아주 가벼운 식사를 한다. 너무 배
   가 부르면 오히려 무대에 서는 데 필요한 힘이 없어진다.

날마다 하느님에 흠뻑 취하여 지성과 영감으로 재능을 연마
하고, 어떤 작업을 하든지 하느님이 자신을 통해서 일하시는 것을
머리와 가슴으로 깨치라.

두려움 가운데 하나가 죽음에 대한 두려움이다. 죽음은 우주의 경험으로, 모든 사람이 통과하는 변화로 인식되어야 한다. 좋은 것으로, 새로운 기회로, 땅에서의 고단한 투쟁을 멈추고 쉬는 것으로 보아야 한다. 게다가 실은 두려워할 까닭이 없다. 살아있는 동안에는 아직 죽지 않았고, 죽으면 모든 것이 끝나니 아무 걱정할 게 없다.

죽음에 대한 두려움은 무지無知에서 생겨난다. 그래서 사람의 행동과 생각, 욕망을 마비시킨다. 오늘 하루 잘 살라. 다음 단계는 저절로 펼쳐질 것이다. 죽음은 성자냐 죄인이냐 가리지 않고 모든 사람에게 일어나며, 그렇기 때문에 고달픈 인생살이에서 잠시 벗어나는 축제일이라는 생각으로 위안을 삼으라.

신경과민은 단순한 질병으로 보이지만 매우 복합적이고 불편한 증상이다. 신경과민은 다른 병들과 마찬가지로 치료하기 만만치 않은 병이다. 신경과민인 사람은 일에 집중해서 끝까지 할 수 없다. 깊은 명상으로 평화와 지혜를 얻을 수도 없다. 신경과민은 사람이 몸과 마음으로 하는 정상적인 기능을 방해한다. 육체와 정신과 영적인 장치를 망가뜨린다.

감각, 생각, 감정에 미치는 지나친 자극 같은 크고 지속적인 흥분상태가 신경과민의 원인이다. 사람이 행복하게 사는 데 필요한 것들, 이를테면 적절한 운동, 신선한 공기, 맑은 햇빛, 건강한 음식, 하고 싶은 일, 인생의 목적 같은 것들의 결핍도 사람을 불안하게 하며, 신경과민의 원인은 아니더라도 그것을 유발하는 조건일 수 있다. 신경과민은 전염성이 매우 높아서 신경이 날카롭고, 어떻게든지 남의 허물을 찾으려 하고, 매사에 못마땅한 사람들과 자주 어울리다보면 쉽게 감염될 수 있다.

정신과 육체의 긴장이 지속되면 신경계를 통해서 흐르는 생기의 균형이 무너진다. 오십 와트 전구電球에 이천 볼트 전류를 연결하면 전구가 깨질 수밖에 없다. 마찬가지로 지나친 자극은 신경기능을 마비시킨다. 공장 전깃줄에 문제가 발생하면 다른 전깃줄로 교체할 수 있지만 신경계에 상처가 나면 다른 신경계로 바꿀 수 없다.

자기 자신을 잘 분석해서 분노, 두려움, 근심걱정 따위 신경과민의 원인들을 찾아내라. 두려움과 걱정은 서로 밀접한 사이다. 원치 않는 일이 일어날 것에 대한 두려움이 걱정으로 나타나는 것이다. 당신이 두려워하는 일이 현실로 일어나는 경우는 거의 없다. 상황을 조용히 분석하면 걱정이 사라질 수 있다.

화를 낼 때는 뇌세포가 불탄다. 근심걱정이 있으면 신경이 마비된다. 심장에 에너지를 공급하는 신경계를 두려움이 불태우는 것이다. 겁에 질린 느낌은 말초신경을 파괴한다. 잠을 너무 많이 자면 신경이 둔해지고 잠을 너무 적게 자도 신경이 상처 입는다. 치료법은 만사에 평정심을 유지하고 최선을 다하는 데 있다. 무슨 염려가 생기면 우선 사실을 사실로 파악하고, 할 수 있는 일에 최선을 다하고 나서, 세상을 향해 웃으라. 하느님의 법이 자신을 보호한다는 사실을 알게 될 것이다.

　　하느님이 나와 함께 하신다는 사실을 기억하라. 더 깊이 명상하고 그분 가까이 있으려고 노력하면 할수록 그만큼 자신과 함께 하는 그분을 느끼게 될 것이다. 두려움은 불필요한 감정이다. 그 어떤 것도 두려워할 이유가 없다.

　　정상적인 신경계를 유지하려면 냉수로 샤워하거나 얼굴을 씻으라. 아침이나 점심 한 끼 굶는 일시적 금식도 도움이 된다. 건강한 음식을 적당히 먹고, 무엇보다도 침착하고 조용한 사람들과 어울리라.

　　언제 어디서나 고요하라. 고요하게 행동하고, 행동하면서 고요하라. 잠시 동안이라도 번잡한 도시를 떠나있으라.

　　무엇보다 중요한 것은 에너지 통제하는 법을 배워 익히는 것이다. 당신의 몸은 우주 에너지 바다에 떠있는 작은 에너지 거품 같은 것이다. 특별한 에너지 활성화 수련법을 통해서 우주 에너지를 몸으로 끌어올 수 있다.

　신경이 지나치게 예민한 것은 저승에 있는 것이다. 고요한 것은 하느님과 함께 있는 것이다. 가볍게 먹고, 일주일에 하루 금식하고, 척추 곧게 세우고, 명상과 에너지 활성방법을 배워 익히고, 독극물을 멀리해 신경과민에서 자유로워지라.

신경과민이란? 신경계를 통해서 진동하는 불안한 마음.

[신경과민의 심리적 증상]

- 조바심.
- 분별력 있는 행동의 결핍.
- 다른 사람의 기질氣質에 영향을 받음.
- 두려움, 분노, 질투.
- 극도로 긴장된 상상想像.
- 시끄러운 재즈 음악이나 영화 관람으로 끊임없는 두뇌 자극.
- 괜히 들뜬 목적 없는 삶.
- 감정에 종노릇하는 마음과 이성理性.
- 사람을 흥분시키는 자극적인 꿈.

[신경과민의 신체적 증상]

- 머리나 손 까불기.
- 입술 비틀기.
- 저도 모르게 몸의 어느 부위를 움직이기.
- 발작.
- 심장 이상異狀.
- 환각.
- 성급한 행동(마음먹기 전에 나오는 행동).
- 시도 때도 없이 수다 떨기.
- 불면증.

[신경과민을 치료하는 데 도움 되는 것들]

- 신 피클, 양파, 자극성 있는 양념이나 향료를 피한다.
- 샐러리, 오렌지, 아몬드주스나 아몬드버터를 자주 섭취한다.
- 소화불량과 변비를 치료한다.
- 얼굴 찡그리기, 손가락 비틀기, 목덜미 긁기 같은 신경질적 습관을 버린다.
- 과식過食을 삼간다.
- 자주 목욕하되 목욕 전에 손으로 온몸을 문지른다.
- 잠자리에 일찍 든다.
- 아침에 잠을 깨어나 침대에 누워있지 않고 곧장 일어난다.

- 성생활을 과하게 하지 않는다.
- 숨을 들이쉬면서 몸을 긴장시키고 내쉬면서 긴장을 푼다.
- 날마다 신선한 공기를 마시며 산책한다.

[심리적이고 일반적인 처방들]

- 논쟁과 시끄러운 잡담을 피한다.
- 결심을 행동으로 옮기기 전에 잠시 기다려준다.
- 신경과민인 사람과 같은 방을 쓰지 않는다.
- 흥분이 시작될 때 쐐기를 박는다.
- 최소한 얼마 동안이라도 시끄러운 음악을 듣지 않는다.
- 바이올린 선율을 듣는다.
- 잔혹한 영화를 자주 보지 않는다.
- 혼자 자는데, 잠들기 전에 몸과 마음에서 생각과 감정들은 비운다.
- 자기를 겁나게 하거나 흥분시키는 것을 자세히 분석한다.
- 무엇이 자기를 흥분시키는지 알아보고 그 치유법을 찾아본다.
- 급작스러운 감정의 자극을 피한다.
- 근심걱정이 마음을 지배하지 못하게 한다.
- 한 가지 생각에 사로잡히지 않는다.
- 자기보다 의식수준이 높은 사람들과 어울린다.
- 저속한 농담에 끼어들지 않는다.

- 침묵을 수련하고 평소에 말을 많이 하지 않는다.
- 집중과 명상을 수련하고 그 결실을 거둔다.

대부분의 경우 신경과민은 심리적 원인이 몸으로 표출되는 것인데 정신과의사나 심리치료사의 분석 또는 개인적인 성찰로 치료효과를 볼 수 있다.

무엇보다도 식사, 육체적 쾌락, 성욕, 노동, 돈벌이, 사회활동 전반에 걸친 절제節制가 행복, 건강, 정신적 능률에 직결된다.

신경과민에서 벗어나는 최선의 길은 건강한 사람들과 어울려 사는 것이다. 자주 어울리는 사람들이 어떤 사람들인지를 말해주면 그가 어떤 사람인지를 내가 말해주겠다. 자칫 수다쟁이들과 어울리기 쉬운데 수다는 사람을 약하게 만든다. 우리에게 진실을 말해주고 더 나은 사람이 되도록 도와줄 사람들과 어울려야 한다. 입만 열면 누구를 흉보고 쓸데없는 험담이나 늘어놓는 사람들과 오래 어울리면 영적 진화에 도움은커녕 해害만 된다.

구루가 말할 때마다 비판을 늘어놓던 제자 하나가 죽었다. 다른 제자들이 구루에게 알렸다. "선생님 말씀을 줄곧 비판하던 아무가 죽었습니다." 구루가 울음을 터뜨렸다. 제자들이 놀라서 물었다. "왜 우십니까? 고약한 친구가 죽었는데 기뻐하셔야지요."

구루가 대꾸했다. "아니다, 내가 무척 슬프구나. 선생님이 돌아가
셨다니." 그는 제자의 비판이 자기에게 도움을 준다는 사실을 알
았다. 사람을 비판하는 건 물론 좋은 일이 아니다. 하지만 당신이
남들의 비판을 견디고 수용할 수만 있다면 그것은 놀라운 선물일
수 있다.

함께 어울릴 사람들을 신중히 선택하라. 언제나 조용하고 강
하고 슬기로운 사람, 자기보다 의식수준이 높은 사람들과 어울
리라. 범죄자가 자기보다 큰 범죄자들과 어울리면 결과는 보지 않
아도 뻔하다. 그가 교도소를 나설 때 교도관들이 물을 것이다. "언
제 다시 돌아올 거요?" 신경과민인 사람이 신경과민인 사람들과
어울리면 결단코 좋아질 수 없다.

강하고 행복하고 진솔하고 건강하고 영적인 사람들과의 사귐
은 신경과민인 사람에게 커다란 혜택이다. 얼마 동안이라도 성자
聖者 곁에 있으면 조용하고 안정된 성품에 감화를 받게 될 것이다.
참으로 거룩한 사람은 당신을 고통에서 떠나게 해주는 뗏목 같은
존재다.

신경과민 가운데는 영혼의 신경과민도 있다. 영혼이 육신과
지나치게 결합되어 제 본성을 망각하는 것이다. 영혼의 신경과민
은 명상으로만, 눈길을 자신의 신경계에서 자기 안에 있는 '무한행

복(Infinite Happiness)'에 대한 지각으로 옮기고, 육신의 감각에서 자신의 참자아인 '무한본성(Infinite Nature)'으로 옮겨야만 극복할 수 있다.

사람이 건강하면 재물을 원하고, 재물을 얻으면 행복을 원할 것이다. 하느님을 발견하기까지는 어떤 무엇에도 만족할 수 없다. 자신과 하느님이 하나라는 진실을 깨칠 때, 그때 신경과민은 영원히 사라질 것이다. 당신의 영적 자아(spiritual Self)가 날마다, 순간마다 당신을 부른다. 당신은 당신의 몸이 아니다. 당신 안에 있는 '무한한 영(infinite Spirit)'이다. 이 진실을 반드시 깨쳐야 한다.

제5장

다른 부정적 감정
뿌리 뽑기

Uprooting Other Negative Emotion

여기 더없이 흥미진진한 임무가 있다. 그 일에 여념이 없어서 다른 사람들 일에 쓸 시간이나 에너지가 없다. 당신이 해야 하는 그 일은 자기 자신을 무지無知에서 이해와 깨달음으로 끌어올리는 것이다. 이 일에 온통 주의를 기울여야 하기 때문에 잡된 생각이나 분노, 질투, 교만, 앙심, 두려움, 열등감 따위를 속에서 모두 비워내야 한다. 그런 것들을 낚아채 영원히 던져버려야 한다. 그럴 때 온갖 좋지 않은 찌꺼기들이 청소되면서 깨끗한 생명수가 자신에게서 흘러넘쳐 온갖 살아있는 것들에 복을 베풀 것이니, 이것이 당신의 일이다. 다른 무엇에 마음을 쓸 수 있겠는가?

분노는 분노의 해독제가 아니다. 더 강한 분노가 덜 강한 분노를 억압할 수는 있지만 그것을 없애지는 못한다. 화가 날 때는 아무 말도 하지 말라. 분노를 감기 같은 병으로 보고, 무슨 짓을 해도 자신을 화나게 하지 않는 사람들을 떠올리며 마음을 따뜻하게 적시는 것으로 분노를 다스리라. 분노가 너무 맹렬하면 냉수로 세수하고 숨골, 관자놀이, 정수리 특히 양미간에 얼음찜질을 하라.

화가 계속 부글거릴 때는 평정平靜이라는 장치를 가동해 내면의 고요함으로 평화, 사랑, 용서의 톱니바퀴를 굴리라. 남들이 당신에게 화내는 것을 원치 않는 만큼 당신도 남들에게 화내지 말라. 사랑을 생각하라. 당신이 그리스도가 되어 모든 사람이 (자기가 무슨 짓을 하는지 모르기 때문에) 서로를 해치는 어린아이로 보인다면, 그때 당신은 누구에게도 화가 나지 않을 것이다. 모든 분노의 어미는 무지無知다.

이성理性을 키우고 분노를 소멸시키라. 당신을 화나게 하는 사람이 있다면 그를 저도 모르게 송곳으로 당신을 찌르는 다섯 살배기 철부지 아이로 보라. 그 아이한테 같은 식으로 앙갚음해서는 안 된다. 이렇게 말하면서 분노를 진멸시키라. "분노로 내 평화를 깨뜨리지 않겠다. 앙갚음으로 나를 기쁘게 하는 마음의 평정을 어지럽히지 않겠다."

욕망이 좌절되면 보통은 화를 낸다. 우선 그 욕망이 좋은 건지 안 좋은 건지를 알아보라. 안 좋은 것이면 그대로 되지 않은 것에 고마워할 일이다. 침착하고 담담하라.

화가 정수리까지 치솟으면 자기가 지금 어디에 있는지를 잊게 된다. 자기가 어디에 있는지를 잊으면 일을 그르치게 마련이고, 그렇게 무지無知의 하수인이 되는 것이다. 무언가가 잘못된 줄 알았다면 고치라. 언제 어디서나 평정심을 유지하라. 하늘의 법은 당신이 바른 이해를 얻도록 도와줄 것이다.

누군가를 이기고 싶거든 그가 스스로 자신의 칼을 꺾게 하라. 사랑으로 악을 이기라. 당신에게 화내는 사람이 당신의 사랑과 고

요함의 호수에서 물을 길어 그것으로 자기 분노라는 불을 식히게
하라. 화내는 사람을 사랑과 고요, 깊은 이해로 대하는 데 익숙해
지라.

　화내는 사람은 지금 솥 안에 있는 사람이다. 그의 신경세포,
뇌세포, 살과 뼈가 분노의 열기로 익어가는 중이다. 그러다 끝내
죽는 수도 있다. 심한 분노는 몸과 마음과 영혼을 위태롭게 한다.
많은 질병이 분노로 생겨나는데 그것이 얼굴을 일그러뜨리고 노
화老化를 재촉한다. 하느님의 형상으로 만들어진 자신의 얼굴과
마음을 망가뜨리지 말라.

　예수는 자기를 박해해 죽이려는 자들을 두고 "아버지, 저들을
용서해주십시오. 자기들이 지금 무슨 짓을 하고 있는지 모르는 자
들입니다." 이렇게 말씀하시며 스스로 얼마나 큰 사람인지를 보여
주셨다. 만일 그분이 온갖 수단을 동원해 그들을 파멸시켰다면 과
연 오늘의 인류가 그분을 숭배하겠는가? 천만의 말씀! 그분은 하
느님을 닮은 자신의 성품을 보여주셨고, 그래서 지금도 많은 사람
이 가슴에 모시는 것이다. 그분이야말로 영원토록 우리 안에 모실
등불이시다. 우리를 따뜻하게 하고 우리에게 힘을 주는 빛이시다.

❖

모든 아침이 밝아오는 새날과 새해의 시작이다. 아침에 몸을 씻어 하루의 일과를 준비하듯 오늘 아침에도 마음속의 두려움과 편견과 온갖 좋지 않은 것들을 씻어 내리라.

❖

마음 약한 사람들, 나약한 잠재의식을 지닌 사람들과 어울리면 열등의식이 생긴다. 우월의식은 얼토당토않은 교만과 우쭐한 에고에서 나온다. 열등의식이나 우월의식이나 자신의 성장에 파괴적인 영향을 끼친다. 둘 다 상상으로 만들어 키운 것이지, 인간 영혼의 참되고 힘 있는 본성에 속한 것은 아니다. 자신의 나약함을 극복해 자기확신을 키우라. 실질적인 성취를 이루어 자기확신을 지니게 되면 온갖 열등의식과 우월의식에서 자유로워질 것이다.

❖

밤마다 잠들기 전에 적어도 십 분 이상 고요히 침묵하라. 아침에도 일과를 시작하기 전에 그렇게 하라. 이것이 습관이 되면 날마다 펼쳐지는 삶의 전쟁터에서 어려운 상황을 넉넉히 감당할 수 있을 것이다. 변함없는 내면의 행복으로 그날그날의 필요를 채우려 노력하라. 안에서 더욱 더 행복을 찾고, 밖에서 얻으려는 욕망을 덜고 또 덜어내라. 밖에서 오는 무언가로 불행해지지 않도록 내면을 행복으로 가득 채우라.

어떤 일로도 좌절하지 않을 힘이 있으며, 자신에게 필요한 모든 것을 얻을 수 있기에, 그래서 행복한 사람이 되라.

제6장

내면의 힘을 위한
과학적 치유의 확언

Scientific Healing Affirmation
For Inner Strength

1924년에 출간된 파라마한사 요가난다의 『과학적 치유의 확언(Scientific Healing Affirmation)』에서 발췌

[사람의 말에 담긴 영적인 힘]

사람의 말은 사람 안에 있는 더없이 높은 영(Spirit)이다. 말은 생각의 진동에 의해 나오는 소리다. 생각은 에고나 영혼에 의해 나오는 진동이다. 자신의 입에서 나오는 모든 말이 순결한 영혼의 진동으로 울려야 한다. 많은 사람들의 말에 생명이 없는 까닭은 영혼의 힘이 실리지 않은 채 기계처럼 하는 말이기 때문이다. 너무 많은 말, 과장된 말, 거짓된 말은 말의 힘을 약하게 한다. 그렇게 하는 말이나 기도가 아무런 변화도 일으키지 못하는 까닭이 그 때문이다. 당신이 하는 모든 말이 진실할 뿐 아니라 영혼의 힘을 담고 있어야 한다. 영혼의 힘이 없는 말은 콩 없는 콩깍지 같은 것이다.

진정성, 확신, 성실, 직관으로 다듬어진 말은 진동의 폭탄과 같아서 온갖 어려움의 바위를 부수고 바람직한 변화를 가져올 수 있다. 듣는 사람을 불쾌하게 하는 말은, 비록 그것이 진실일지라도, 입에 담지 말라.

이해와 신뢰가 담긴 말이나 확언(affirmation)은 어려움을 해결해줄 전능한 우주진동력(Cosmic Vibratory Force)을 움직일 수 있다. 모든 의심을 떨쳐버리고 무한한 신뢰로 그 능력에 호소하라.

믿음 없이 말로만 되뇌면서 특별한 결과를 기대하면 목적과 전혀 다른 결과를 불러올 수 있다. 우주의식의 토양에 진동의 기도를 뿌리고 나서 자신이 바라는 싹이 나오는지 보려고 흙을 헤집어서는 안된다.

[하느님이 사람에게 주신 힘]

힘 가운데 하느님 혹은 우주의식의 힘보다 큰 힘이 없음을 기억해야 한다. 따라서 당신은 오직 그 힘의 도움만을 구해야 한다. 이 말은 목석이 되어야 한다거나 자기 마음(생각)의 힘을 조금도 쓰지 말라는 뜻이 아니다. 하느님은 스스로 돕는 자를 도우신다는 것을 기억하라. 그분은 당신이 스스로를 도울 수 있도록 자유의지, 믿음, 집중력, 이성理性을 주셨다. 하지만 자유의지나 이성을 활용할 때 자신의 에고에만 의존하느라 '신성한 하느님의 힘'으로부터 멀어지지 않도록 해야 한다. 당신의 것이지만 자신과 남들을 위해 쓰라고 '하느님이 주신 힘'을 써야 한다. 전적으로 하느님의 힘만 의존하던 옛 방식과 전적으로 인간의 힘만 의존하는 현대 방식 사이에서 균형을 이루어야 한다.

[만성질환에 대한 정신적 책임]

물리적이나 정신적인 방법으로 육체의 질환에서 벗어나려 할 때, 사람들은 치료 가능성보다 질병의 장악력에 더 집중하게 된다. 그래서 질병이 육체적·정신적 습관으로 굳어지는 것이다. 병이 나은 뒤에도 오래 남아있는 만성 신경과민의 경우가 특히 그러하다. 병이나 건강이라는 신체적 감각이 뇌세포에 입력되면 그것이 질병이나 건강의 습관이 된다.

정신적·육체적 만성질환은 언제나 습관이 된 잠재의식에 그 뿌리가 깊이 박혀있다. 정신과 육체에 만성질환이 있는 사람은 본인의 잠재의식에서 그 뿌리를 뽑아야 한다. 의식적으로 하는 확언이 잠재의식에서 하나의 습관이 되도록 반복 실천하고, 그것이 현재의식에 저절로 영향을 미치게 해야 하는 이유가 여기에 있다. 그렇게 잠재의식의 매개를 통해 강한 현재의식의 확언이 힘을 얻는 것이다. 그 결과로 강해진 현재의식의 노력과 확언은 잠재의식뿐 아니라 기적 같은 정신력의 마법창고인 초超의식에까지 연결된다.

개인적인 확언은 감성과 이성을 동원해 자발적으로 전심專心을 기울여 해야 한다. 아무도 듣지 않을 때 소리 내어서 해도 되지만, 한마디 한마디에 마음을 모아 소리 내지 않고 하는 것이 좋다. 만성질환을 치료하기 위한 확언은 그것이 자신의 직관적 확신으로 굳어질 때까지 깊이, 그리고 오래 지속해야 한다. 자신의 병이 불치라고 생각하며 사는 것보다 그것을 고칠 수 있다는 확신을 품고서 죽는 편이 더 낫다.

기억할 것이 하나 더 있다. 현재 인류의 상식으로는 사람이 몸

의 죽음을 피할 수는 없어도, 언제 어떻게 죽느냐는 영혼의 초超의
식으로 조절할 수 있다는 사실이다. 사람이 초超의식에 도달하려
면 온갖 의심과 태만을 떨쳐버린 확언들이 있어야 한다. 집중과 전
심專心은 맹목적인 확언까지도 잠재의식과 초超의식으로 이끌어
주는 빛이다.

[기질에 따른 치료법]

생각, 이성理性, 믿음, 느낌, 의지, 행동은 개인의 기질에 따라
서 활용될 수 있는 것들이다. 이를 아는 사람이 별로 없다. 꾸에
(Emile Coue, 1857-1926, 같은 말을 반복함으로써 치료효과를 낼 수 있다고
주장한 프랑스 약사)는 모든 사람을 자기암시(auto-suggestion)로 치
료하려 했다. 하지만 지성인은 암시에 잘 걸리지 않는다. 그런 사
람은 몸을 지배하는 마음의 힘을 이해할 필요가 있다. 자기암시는
의지가 강한 사람에게도 별 효과가 없다. 그런 사람은 상상력보다
본인의 병을 고치겠다는 의지력을 자극할 필요가 있다.

요고다yogoda(요가난다가 자신의 가르침을 지칭해 만든 말, 요가를 나
누어준다는 뜻)는 집중과 명상, 그리고 의지의 힘으로 생기의 흐름
을 활용해 자신과 남을 치유하는 법을 가르친다. 좋지 못한 버릇과
육체적·정신적 질환을 치유하는 데 자신의 의지와 건강한 확언의
반복이 중요하다는 사실은 아무도 부정할 수 없는 것이다.

[믿음이 시간보다 중요하다]

육체적·심리적·정신적 질병의 즉각적 치유는 언제든 가능하다. 오랜 세월 쌓여온 어둠도 빗자루로 쓸어버리는 대신 빛 한 줄기 비추면 순식간에 사라진다. 사람은 자기가 언제 치유될지 알 수 없다. 그러니 금방 또는 가까운 시일에 치유되기를 기대하지 말라. 언제 치유될지 그 때를 결정하는 것은 시간이 아니라 믿음이다. 각자의 생명에너지와 잠재의식을 바르게 일깨워주는 것으로 결과가 좌우된다.

믿음과 의지를 키우려면 노력과 집중이 반드시 필요하다. 노력과 집중이 쌓이면 그것이 생명에너지를 자동으로 불러일으켜 치료효과를 부른다. 결과에 대한 성급한 기대는 오히려 집중력을 약화시킨다. 의지도 믿음도 없으면 생명의 기운이 계속 잠들어있고 따라서 치유는 이루어질 수 없다.

만성질환으로 끊임없이 고통 받아 약해진 의지와 믿음, 또는 상상의 힘을 일깨우려면 시간이 필요하다. 그의 뇌세포들이 고통에 길들여져 있기 때문이다.

[치유의 종류]

1. 육체적 질병의 치유.
2. 두려움, 분노, 나쁜 버릇, 좌절의식, 확신의 결여 따위 심리적 질병의 치유.

3. 무관심, 목적 없는 삶, 교만, 교조주의, 회의주의, 자존감 상
   실 따위 정신적 질병의 치유.

이 세 가지 질병을 예방하고 치료하는 데 동일한 노력을 기울
이는 것이 매우 중요하다. 이것들은 사람에게 고통을 주기에, 각각
에 상응하는 치료법으로 고쳐야 한다.

대부분 사람들의 관심이 육체의 질병에 쏠리는 까닭은 그것
이 눈에 잘 띄기 때문이다. 두려움, 절망, 걱정, 분노, 자기통제력
결핍 같은 정신적 문제들과 인생의 의미를 찾지 못한 데서 오는 영
적 고통이 훨씬 중요하고 힘 있다는 사실을 아는 사람은 드물다.
실은 모든 육체적 질병이 정신적·영적 균형의 붕괴에서 오는 것이
다. 사람의 심신을 괴롭히는 온갖 고통이 정신적 위생원리와 영적
삶의 기술에 대한 무지에서 비롯된다. 마음이 분노, 걱정, 두려움
따위 정신적 박테리아에서 자유롭고 영혼이 무지로부터 자유로우
면 육체적 질병이나 결핍이 따라올 수 없는 법이다.

[정신질환의 예방]

우주의식 안에서 평화와 믿음을 기르라. 온갖 번잡한 생각을
마음에서 지우고 그 자리를 기쁨과 균형으로 채우라. 육체의 치유
보다 정신의 치유가 먼저라는 사실을 기억하라. 삶을 비참하게 만
드는 좋지 않은 버릇을 몸에 익히지 말라.

[영적 질병의 예방]

자신이 '아버지(the Father)'의 형상으로 창조되었고, 그분처럼 불멸하고 완전하다는 사실을 굳게 믿으라. 과학이 입증하듯, 물질이 소멸하지 않는다면 사람의 영혼도 소멸할 수 없는 것이다. 물질은 온갖 변화를 겪어야 하고 영혼도 끊임없이 바뀌는 경험을 해나가지만, 죽거나 사물의 꼴이 바뀐다 해서 본질이 소멸되거나 바뀌는 것은 결코 아니다.

명상과 집중을 통해서 얻는 평화와 균형을 일상에 적용하라. 어려운 상황에서도 평정平靜을 유지하고 다른 사람의 격한 감정이나 번잡한 사건에 휘둘리지 말라.

[꿈꾸는 사람에 의해 창조되는 몸과 의식]

꿈속에서 사람은 아름다운 공원을 즐기며 걷다가 갑자기 죽은 친구의 몸을 본다. 그러면 슬픔에 젖어 눈물을 흘리며 머리가 아프고 가슴이 두근거린다. 그러다가 깨어나면 모든 것이 꿈인 줄 알고 웃는다. 사람이 꿈속에서 하는 경험과 깨어나서 하는 경험 사이에 무슨 차이가 있는가? 두 경우 모두 물질과 의식에 대한 알아차림(awareness)이 있다. 잠자는 사람이 자기 꿈속에서 물질과 의식을 창조하는 것이다.

[미몽迷夢의 세상]

꿈꾸는 사람이 그토록 허망한 창조를 할 수 있다면 무한한 우주의식은 훨씬 더 실제적이고 영구한 꿈을 인간의 의식 안에서, 마야maya(또는 미몽)의 힘으로, 창조할 수 있다.

건강과 행복을 추구하는 사람들이나 질병과 불행을 겁내는 사람들은 건강이 질병과 다르고 행복이 불행과 다르다는 잘못된 믿음을 품고 사는 것이다. 사람이 자신의 참 본성을 깨치면 이원성이 사라지고 모든 결핍이 착각이라는 것을 알게 되면서 온갖 욕망이 사라진다.

우주의식을 아직 깨닫지 못한 사람들의 경우에는 약초와 의약의 효력을 부인해서는 안된다.

치유를 위한 확언을 하되 물리적 치유법을 가벼이 여겨선 안된다. 그것들 모두가 하느님의 물리적 법칙을 탐구한 결과로 나온 것이기 때문이다.

[확언을 어떻게 할 것인가?]

확언은 소리를 내어서 하다가, 속삭임으로 하다가, 마음속으로 음송해야 한다. 마음을 모으고 집중하며 깊은 확신을 품고 말하는데, 처음에는 그 소리를 귀가 듣게 하고, 다음에는 잠재의식이 듣게 하고, 마지막으로 그것이 초超의식에 가서 닿게 하라. 이런 확언은 그것을 믿는 사람을 고쳐줄 수 있다.

　반복되는 확언이 소리 내어 하는 음송에서 마음의 음송으로, 잠재의식의 음송으로, 마침내 초超의식의 음송으로 옮겨가게 하라.

　잠재의식의 음송은 내면의 의식으로만 저절로 일어난다. 깊은 내면의 음송이 깨달음으로 바뀔 때 그래서 의식, 잠재의식, 초超의식 안에서 이루어질 때, 초超의식적 음송이 생겨난다. 상상의 소리 아닌 실재하는 우주진동에 집중하는 것이 초超의식적 음송이다.

[무의식 아닌 초超의식]

　마음속에 간직할 중요한 점은 한 음송에서 다른 음송으로 넘어갈 때 마음의 자세도 따라서 달라지고, 더 깊어지고 더 집중되어야 한다는 것이다. 목표는 음송하는 사람과 음송, 그리고 음송하는 과정이 하나가 되는 데 있다. 무의식이나 얼빠진 상태가 아니라 더없이 깊은 의식상태 속으로, 쇳조각들이 강력한 자석에 끌려가듯이, 모든 생각들이 용해되는 절대의식의 집중된 상태 속으로 마음이 몰입해야 한다.

[생리학적 센터들]

　여러 확언들을 하는 동안 마음이 집중되는 생리학적 센터들, 예컨대 느낌에 연관되는 가슴센터, 에너지의 근원인 숨골, 깨어나려는 의지가 있는 양미간에 주의를 기울여야 한다. 우리는 생각,

느낌, 의지에 주목하기 위해 의식의 힘을 길러야 한다. 각자 확언의 내적 의미에 깊이 머물러야 한다.

확언의 내용에 따라서 사람 마음의 자세가 다양해진다. 의지확언에는 강한 의지가, 느낌확언에는 전심專心이, 이성理性확언에는 지능과 전심이, 상상확언에는 공상과 믿음이 있어야 한다. 병든 사람을 치료할 때는 환자의 활동적이고 상상적이고 감정적인 성격에 어울리는 확언이 필요하다.

모든 확언은 우선 거기에 집중해야 하고, 또한 끊임없는 반복이 매우 중요하다. 자신의 전심, 의지, 믿음이 확언 속으로 강하게 그리고 반복해서 스며들게 하라, 결과에는 마음 쓰지 말라.

하느님과 그분의 진실한 신도들에 대한 절대적 믿음이야말로 즉각적 치유를 위한 가장 효과적 방편이다. 의약이나 물질을 절대적으로 의존하다가 죽는 것보다 이 믿음을 일으키려다가 죽는 것이 더 낫다.

[개인과 집단의 수련을 위한 안내]

시간: (개인) 아침 잠자리에서 일어난 직후 또는 밤에 잠들기 전 졸음이 올 때. (집단) 언제든지 적절한 때.

장소: 가능한 조용하고 시끄럽지 않은 곳. 어쩔 수 없이 잡음이 있는 곳에서 해야 한다면 들리는 소리들을 무시하고 수련에 집중한다.

방법: 확언으로 들어가기 전에 마음에서 온갖 불안과 염려들
을 지운다. 확언을 선택하고 처음엔 큰소리로 음송하다
가 더 부드럽게 더 천천히 마침내 속삭임으로 되기까지
음송을 되풀이한다. 그러고는 차츰 혀나 입술을 움직이
지 않고 마음으로 확언한다. 이윽고 흔들리지 않는 집중
속에 깊이 녹아드는 느낌이 들 때까지 마음으로 확언을
반복한다.

그렇게 마음으로 확언하며 더 깊게 고요해지면 커져가는 기
쁨과 평화가 엄습할 것이다. 이어지는 깊은 집중 가운데 자신의 확
언이 잠재의식 속으로 스며들었다가 이후 습관의 법칙에 따라서
의식에 영향을 미칠 힘을 재충전해 돌아올 것이다. 커져가는 평화
를 경험하는 동안 자신의 확언이 초超의식 저장고까지 더 깊이 들
어갔다가 나중에 의식적인 마음에 영향을 미칠 뿐 아니라 실제로
자신의 욕망을 채워줄 무한 능력으로 돌아올 것이다. 의심하지 말
라, 이 과학적 믿음의 기적을 목격하게 될 것이다.

자신이나 다른 사람의 육체적·정신적 질환을 치유하려고 집
단으로 확언할 때는 목소리 톤이나 생각을 알아차려야 할 뿐만 아
니라, 믿음과 평화를 간직하면서 조심스럽게 실행해야 한다. 나약
한 마음에 의심이 섞이면 확언이 주는 힘을 감소시키고 초超의식
에서 오는 힘의 홍수를 엉뚱한 데로 돌려놓을 수 있다. 몸을 움직

이지 말고, 마음으로 불안해하지도 말고, 옆 사람을 방해하지도 말라. 몸이 가만있는 것만으로는 부족하다. 집중과 평안함이 자신이 바라는 결과에 실질적인 영향을 미칠 것이다.

확언의 씨앗에 영혼의 영감靈感이 스며들면, 믿음과 집중이라는 물을 주고 그것을 초超의식적 평화의 토양에 심어야 한다.

확언의 씨앗을 심는 일과 그 열매를 거두는 일 사이에는 많은 과정이 포함된다. 바라는 열매를 거두려면 성장을 위한 조건들이 충족되어야 한다. 확언의 씨앗이 의심, 불안, 정신적 혼돈 따위 없이 살아있는 것이어야 하고, 그것이 믿음, 집중, 전심, 평화를 갖춘 사람들 머리와 가슴에 심겨, 깊고 신선한 반복이라는 물을 주어야 한다.

기계적인 반복을 피하라. '하느님 이름을 헛되이 부르지 말라'는 성경말씀의 뜻이 바로 이것이다. 확언에서 오는 힘이 자신의 세포들을 바꿔놓을 때까지, 또는 자기 영혼을 움직여 기적을 일으킬 때까지, 진지하게 정성껏 반복하라.

[수련을 위한 몇 가지 방법들]

1. 북쪽이나 동쪽을 바라보고 앉는다.
2. 눈을 감고 의식을 숨골에 모은다. 척추는 곧게 하고, 가슴은 펴고, 배는 안으로 들인다. 완벽하게 몸의 긴장을 푼다. 세 번 숨을 깊이 들이쉬고 내쉰다.

3. 몸의 긴장을 풀고 움직임 없이 그 상태를 유지한다. 온갖 생각들을 비우고 몸의 감각에서 그것들을 몰아낸다.

4. 전심專心과 의지로 마음을 채운다. 전심은 가슴에서 느끼고 의지는 양미간에서 느낀다. 염려, 불신, 걱정을 던져버리라. 의심이나 불신으로 자신을 닫지 않아야만 신성한 법칙이 작용할 수 있다는 것을 알라. 믿음과 집중이 있어야 그 힘이 방해받지 않고 작용할 수 있다. 몸과 마음의 상태가 전부 바뀔 수 있고 치유될 수 있다는, 그리고 이른바 고질痼疾이라는 게 착각이라는 생각을 간직하라.

5. 치유되기를 원하는 그것을 아예 잊어버리라.

6. 집단 확언을 할 때는 인도자가 일어서서 리듬에 맞추어 확언을 읽는다. 남은 사람들은 인도자의 확언을 동일한 리듬과 어조로 반복한다.

[성공하지 못한다는 의식을 치료하려면]

성공은 신성한 법과 물질의 법을 따르는 데서 온다. 물질의 성공과 정신의 성공을 둘 다 성취할 수 있다. 물질의 성공은 삶에 필요한 모든 것을 획득하는 것으로 이루어진다. 돈을 벌어서 사회와 나라 그리고 세상이 나아지도록 하는 데 활용해야 한다. 자신이 속한 공동체, 나라, 세계가 더 나은 곳이 되도록 돕기 위해 돈을 벌라. 그러나 다른 누구에게 손해를 입히는 짓은 절대 하지 말아야 한다.

성공을 이루고 실패를 방지하는 정신적·잠재의식적·초超의식적 법칙들이 있다.

신성한 하늘의 법칙이나 초超의식적 힘의 도움을 받으려면 의식적 노력을 멈추지 말고, 타고난 능력에만 전적으로 의존하지 말아야 한다. 실패가 아닌 성공을 하려고 의식적으로 노력하면서, 동시에 자신의 성공을 돕고 있는 신성한 법칙의 작용을 느껴보라. 이 방법으로 신성한 하늘과의 의식적 연대를 이룰 수 있다. 자신이 하느님의 자녀로 아버지에게 속한 모든 것을 가질 수 있다고 생각하라. 의심하지 말라. 무언가를 원한다면 실패라는 의식을 던져버리고 모든 것이 자신의 것임을 알라. 이 법칙에 대해 무지하고 잠재적으로 불신하는 버릇 때문에 우리의 신성한 유산을 물려받지 못한다. 신성한 공급의 자원을 활용하려는 사람은 이 잘못된 생각을 끈질긴 노력으로 깨뜨려 부숴야 한다.

이 방법들을 의식과 잠재의식과 초超의식으로 활용할 때, 성공은 확실히 보장될 것이다. 아무리 실패를 거듭했더라도 다시 시도해보라.

[물질적 성공을 위한 확언]

하느님은 내 아버지, 성공과 기쁨이다.

나는 하느님의 자식, 성공과 기쁨이다.

이 땅의 풍요와 우주의 부富가
하느님께 속한 것이다.
하느님께 속한 것이다.
나는 하느님의 자식이다.
이 땅과 우주의 온갖 풍요가
나한테 속한 것이다.
나한테 속한 것이다.
내가 궁핍을 생각하며 살았다.
내가 궁핍한 줄로 잘못 알았고
그래서 실제로 궁핍했다.
이제 나는 집에 있고
하느님의 의식이 나를 풍요롭게 만들었다.
나는 성공이다.
나는 부자다.
나에게 모든 것이 있다.
나에게 모든 것이 있다.
하느님이 그런 것처럼,
하느님이 그런 것처럼
나에게 모든 것이 있다.
모든 것이 있다.
모든 것이 있다.

하느님은 나의 풍요다.
나에게는 모든 것이 있다.

영적 성공은 우주의식과의 의식적 연결 속에서 별안간 친구의 죽음 같은 불상사가 닥치더라도 내면의 평안을 잃지 않을 때 이루어진다. 자연의 법에 따라 사랑하는 사람을 잃더라도 슬퍼하지 말고, 오히려 그 사람을 친구로 사귀게 해주신 하느님께 감사드릴 일이다. 영적 성공은 만사가 더없이 높은 목표를 향해 행진하고 있다는 진실을 깨치고 모든 것을 기꺼이, 용감하게 바라보는 데서 온다.

[심리적 성공을 위한 확언]

나는 용감하다. 나는 강하다.
성공의 달콤한 향기가
내 속에서 풍긴다.
내 속에서 풍긴다.
나는 선선하다. 나는 고요하다.
나는 달콤하다. 나는 친절하다.
나는 사랑이고 연민이다.
내게는 매력과 자력磁力이 있어서
그 모든 것에 만족한다.
나는 눈물과 두려움을 닦아낸다.

나에겐 적敵이 없다.

나를 적으로 보는 사람들은 있어도

나는 모두의 친구다.

나는 먹고 입고 처신하는 데 못된 버릇이 없다.

나는 자유다. 나는 자유다.

오, 돌봄의 손길이여, 내가 너에게 명한다.

오라, 와서 내가 하는 일에 마음을 모으라.

내가 그렇게 생각할 때, 내가 그렇게 생각할 때

나는 모든 것을 할 수 있다.

교회나 사원에서 기도할 때

온갖 시끄러운 생각들이 나에게 맞서서

내 마음을 당신께로 가서 닿지 못하게 합니다.

내 마음을 당신께로 가서 닿지 못하게 합니다.

물질에 사로잡힌 마음과 머리를

다시 정복하도록 나를 가르쳐주십시오.

그래서 그것들을

기도와 황홀경 속에서

명상과 환상 속에서

당신께 드리도록 해주십시오.

내가 명상 가운데

젖가슴의 산에서, 은둔처에서
당신을 예배하오리다.
움직이는 손에서 흘러나오는
당신의 생생한 에너지를 느끼오리다.
당신을 잃지 않기 위해
움직임 안에서 당신을 찾으오리다.

[기타 몇 가지 확언들]
눈 감고 양미간에 의식을 모으고 아래 확언을 세 번 반복한다.

내가 신성한 의지에서 흘러나온
나 자신의 의지로
건강하리라.
안녕하리라.
번창하리라.
그리고 영적으로,
안녕하리라. 안녕하리라.

눈 감고 심장박동에 의식을 모으고 전심專心과 느낌으로 아래
확언을 반복한다.

당신은 사랑, 당신은 사랑.

나는 당신 것, 당신은 내 것.

나는 당신 것, 당신은 내 것.

나는 사랑, 나는 사랑.

사랑은 건강하다,

사랑은 완벽하다,

나는 건강하다. 나는 사랑이다.

나는 전체다. 나는 완벽하다.

단전에 의식을 모으고 거기에 밝은 빛이 있다고 상상한다. 눈 감고 단전을 느끼며 상상과 전심으로 아래 확언을 반복한다.

당신은 생명, 당신은 힘.

당신은 마음, 당신은 상상.

당신은 생각, 당신은 환상.

나는 생각, 나는 환상.

온갖 방식으로, 온갖 방식으로

나는 당신의 닮은꼴, 당신의 닮은꼴.

나는 전체, 당신의 닮은꼴.

숨골에 의식을 모으고 눈을 감고 거기 있는 빛을 느끼거나 상
상으로 그려본다. 그러고서 아래 확언을 반복한다.

당신의 우주가 내 속에서 흐른다, 내 속에서 흐른다.
내 숨골을 통해, 내 속에서 흐른다, 내 속에서 흐른다.
나는 생각하고 뜻한다. 그것이 흐르기를,
내 온몸에서 그것이 흐르기를,
내 온몸에서 그것이 흐르기를.
나는 충전되었다. 나는 치유되었다.
나는 충전되었다. 나는 치유되었다.
빛이 나를 통해서 눈부시다.
나는 치유되었다. 나는 치유되었다.

[초超의식적 치유법]

더욱 깊이 호흡하면서 자신을 우주파동에 정렬整列시키고 양
미간에 의식을 모아 우주파동을 향해 아래의 고백을 흘려보내라.
아버지한테 말하는 것처럼 우주파동한테 진심으로 호소하라.

오, 거룩한 파동이여
당신은 나, 나는 당신입니다.
내 영혼은 당신의 것, 당신의 영靈은 내 것입니다.

당신은 완전하시고 없는 것이 없습니다.

당신의 자녀인 나에게도 없는 것이 없습니다.

나에게 모든 것이 있습니다,

나에게 모든 것이 있습니다.

내 달콤한 헌신의 꽃다발을,

나의 사랑과 더없이 높은 공경을

당신 발 앞에 놓습니다. 당신 발 앞에 놓습니다.

내 것은 당신의 것, 당신의 것은 내 것입니다.

내가 기도합니다. 사랑으로 기도합니다.

당신이 내 것으로 되시기를, 내 것으로 되시기를.

당신은 나, 당신은 나입니다.

당신은 행복, 나도 행복입니다.

당신은 평화, 나도 평화입니다.

당신은 전체, 나도 전체입니다.

당신은 완전하신 분, 나도 완전한 존재입니다.

당신은 행복, 나도 행복입니다.

나도 행복, 행복입니다.

　　하느님께 자신의 절대 믿음을 바치라. 언제나 그분의 힘이 자신 안에서, 자신의 생각과 기도와 믿음 뒤에 역사하시며, 자기 자신과 남들을 치유하는 무한 능력을 주신다는 사실을 믿으라.

모든 것 안에서 자신과 함께 일하시는 그분을 알아차리라. 언제 어디서나 그분을 모시고 그분과 더불어 살게 될 것이다.

'나는 건강하다' 또는 '나는 지혜롭다' 이런 긍정적 확언을 할 때는 확신을 품어야 한다. 그래서 '아니, 넌 어리석어서 성공 못할 거야. 분명 실패할 거다. 지혜는 너하고 어울리지 않아.'라고 속삭이는 부정적 생각과 잠재의식을 완전 몰아내야 한다.

확언할 때는 시간을 무시하라. 그리고 끈기를 잃지 말라. 건강을 원할 때는 당신이 태생적으로 건강하다고, 풍요를 원할 때는 자신이 본디 풍요롭다고, 지혜를 원할 때는 자신이 원래 지혜로운 사람이라고 믿으라. 그러면 건강과 풍요와 지혜가 자신에게서 나타날 것이다.

생각의 방향을 바꾸라. 온갖 안 좋은 마음의 버릇을 비우고, 그 빈자리를 온전하고 용감한 생각의 버릇으로 채워 흔들리지 는 확신으로 일상에 적용하라.

지성적이고 목표가 두렷한 사람이면 그러겠다는 마음 하나로도 순식간에 나쁜 버릇을 좋은 버릇으로 바꿀 수 있다는 사실을 기억하라. 그러니 만일 자신의 발전을 가로막는 신체적·정신적·영적 버릇이 있거든 당장 그것들을 없애라. 나중으로 미루지 말라.

제7장

내면의 가장 높은 이에
주파수를 맞추는 명상

Meditation to Attune
to the Highest within You

불안이라는 마약으로 저 자신을 마비시키지 않도록 가르쳐주십시오. 오늘은 어제보다 깊이 명상하겠습니다. 내일은 오늘보다 깊이 명상하겠습니다.

오늘, 부드러운 직관의 도움으로 제 영혼 라디오 주파수를 당신한테 맞추어 불안한 마음을 제거하고 당신의 우주진동을, 원자들의 음악을, 저의 초超의식 안에서 울리는 사랑의 멜로디를 듣게 해주십시오.

제가 제 안에 있는 영원한 하늘의 행복을 찾겠나이다. 그러면 침묵 가운데 또는 활발한 움직임 가운데 평화가 저를 다스리겠지요. 오, 하느님, 제가 명상의 동굴에서 당신 음성을 듣게 해주십시오.

❖

오, 거룩하신 영靈이여, 제 마음의 호수에 출렁이는 거친 호흡과 마음의 불안과 감각의 어지러움을 명상으로 잠재우게 가르쳐주십시오. 정욕과 불필요한 욕망의 돌개바람을 직관直觀의 요술지팡이로 멈추게 해주십시오. 고요한 마음의 호수에 비치는 이지러지지 않은 제 영혼의 달이 당신의 현존으로 빛나는 것을 보게 해주십시오.

❖

눈꺼풀을 닫고 유혹하는 감각들의 춤을 몰아내라. 가슴 속 바닥없는 우물에 자신을 가라앉히라. 생명을 주고 피가 끓어오르는 심장에 마음을 모으라. 거기에서 뛰노는 맥박이 느껴질 때까지 마음을 집중하라. 모든 맥박에서 전능한 생명력이 두드리는 노크 소리를 들으라. 바로 그 전능한 생명력이 다른 모든 사람들과 살아있는 것들의 가슴을 두드리고 있는 모습을 상상해보라.

당신의 가슴은 한시도 멈추지 않고 깨어남의 문 뒤에 서있는 무한 능력의 현존을 알려주고 있다. 모든 살아있는 것들의 부드러운 맥박이 소리 없이 말하고 있다. '내 생명의 작은 조각만 받아들이지 말고, 당신 느낌의 문을 활짝 열어 내가 당신 피와 몸, 마음과 느낌, 그리고 영혼 안에서 우주 생명의 두근거림으로 뛰게 해주세요.'

[무無호흡은 무無죽음이다]

호흡은 생명이다. 숨을 쉬지 않고 살 수 있다면 수명을 연장하고 몸으로 살아있는 동안 몸의식(body-consciousness)을 넘어서 영혼의식(Soul-consciousness)에 닿을 수 있을 것이다. 진정한 무無호흡(breathless)은 숨을 억누르거나 강제로 허파에 담아두는 것이 아니다. 오히려 무無호흡은 사람을 내면의 고요함과 완벽한 안식의 상태로 끌어올려 한동안 숨을 쉬지 않아도 되게 해준다.

언제든지 이 방법을 연습해볼 수 있다. 지금 있는 자리에서 척추를 곧게 펴고 온몸의 긴장을 풀어준다. 눈을 감거나 반쯤 감고 양미간을 응시한다. 자, 이제 고요히 자기 호흡을, 호흡이 몸으로 들어오고 나가는 것을, 통제하려 하지 말고 지켜본다. 숨이 들어올 때 오른손 검지를 목구멍 쪽으로 움직이며 혀나 입술은 움직이지 말고 마음속으로 '홍-'하고 음송한다. 숨이 나갈 때 검지를 앞으로 내밀며 마음으로 '사우-'하고 음송한다. (검지를 사용하는 것은 의식을 좀더 집중하고 들숨과 날숨을 잘 분별하기 위해서다.)

어떤 방식으로든 호흡을 통제하지 말라. 그 대신 말없는 관찰자의 고요한 태도를 유지하면서 몸으로 들고 나는 숨을 지켜보기만 하라.

처음 시작할 때는 적어도 십분 정도 이 방법을 신중하게 연습하라.

이 수련은 밤이든 낮이든 언제든지 할 수 있다. 정해놓은 명상 시간에 할 수도 있고 여가시간에 할 수도 있다. 운전할 때나 침대에 누워서도 할 수 있다. 이것을 통해 내면의 깊은 고요를 느끼고 마침내 자신이 육신이 아니라 영혼임을, 물질로 된 몸보다 높고 독자적인 영혼임을 깨치게 될 것이다.

정식으로 명상할 때는 팔걸이 없는 의자에 척추를 세우고 앉는다. 의자를 담요로 덮어 발밑까지 내려오게 한다. 등받이에 기대지 말고 동쪽을 향해서 앉는다.

'홍사우' 호흡법은 병원에서 의사를 기다리는 자투리 시간에도 할 수 있다. 눈을 감고 손가락은 움직이지 말고 호흡을 지켜보면서, 마음으로 '홍'과 '사우'를 반복한다. 아니면 눈을 반쯤 떠서 양미간을 응시하거나 주변 사람들의 움직임에 마음을 모은다. 원한다면 눈을 떠서 앞을 응시하거나 어떤 지점에 눈길을 모아도 좋다. 가능하면 척추를 곧추세운다.

'홍사우 호흡'의 목적은 밖을 향한 시선을 안으로 돌리고, 온갖 감각에서 한 걸음 뒤로 물러나는 데 있다. 호흡이 영혼과 육신을 잇는 연결고리인 까닭이다. 물고기가 물속에 살듯이 사람은 공기 속에서 살아간다. 사람은 무無호흡을 통해 호흡을 초월하면 천사들이 거하는 빛의 천계天界로 들어갈 수 있다. 들어오고 나가는 숨을 가만히 지켜보면 자연스럽게 호흡이 느려지다가 마침내 심장, 허파, 횡격막의 활동이 고요하게 멎는다.

인간의 심장이 하루에 평균 20톤의 피를 펌프질한다는 사실을 생각해보라. 다른 기관들이 잠시 일을 멈추고 쉬는 수면시간에도 심장은 일한다. 신체에서 가장 일을 많이 하고 때로 과로하는 기관이 심장이다. '홍사우 호흡'은 심장을 쉬게 해주는, 그래서 수명을 연장하고 생명의 흐름(Life Current) 또는 에너지를 몸 전체에 고루 전달시켜 체세포들을 새롭게 하고 퇴화를 막아주는 과학적 방법이다.

이토록 간단하면서 놀라운 호흡법은 인도라는 나라가 인류에 끼친 위대한 공헌 가운데 하나라 하겠다. 이것은 수명을 연장해줄 뿐 아니라 사람이 몸이라는 의식을 넘어서 '불멸의 영(Immortal Spirit)'인 자기 정체를 깨닫게 해준다. '홍'과 '사우'라는 말은 '내가 그다.(I am He.)'라는 뜻의 산스크리트어 '아함 사하aham saha'에서 온 것이다.

[완전한 이완弛緩의 중요성]

잠을 자면서 우리는 감각의 이완(relaxation)을 경험한다. 본의가 아니긴 하지만, 영靈이 육肉에서 완전하게 놓여나는 것이 죽음이다. 죽음은 심장의 활동이 멈춘 뒤에 온다. '홍사우 호흡법'으로 사람은 심장 활동이 멎는 경지에 이를 수 있고, 그렇게 해서 자기 죽음을 맑은 정신으로 경험하며 죽음의 신비를 깨치고 그에 대한 두려움을 소멸시킬 수 있다. 인간은 원치 않는 죽음을 강제로 당하는 대신, 자의로 그리고 행복하게 자기 몸 떠나는 법을 배울 수 있다.

이 호흡법을 수련하다가 집중력이 떨어지면 졸음이 와서 잠드는 수가 있다. 반면 집중을 잃지 않으면 신체의 모든 세포들이 신성한 생명의 저려오는 감각에 깨어날 수 있다.

시간이 있을 때 이 연습을 가능한 오래 할수록 좋다. 나는 소년 시절에 일곱 시간씩 이 연습으로 무無호흡 황홀경에 들곤 했다. 이 연습 도중과 이후의 커다란 고요함을 간직하라. 될 수 있는 대로 그 평화를 유지하라. 그것을 사람 만나고, 공부하고, 사업하고, 생각하는 일상에 적용하고, 자기 안에 깊이 자리 잡은 몇 가지 정신적·육체적 나쁜 버릇을 떨쳐버리려 노력할 때 활용하라. 안 좋은 상황이 벌어질 때마다 이 연습에서 느꼈던 고요함을 마음에 떠올리면서 고요한 중심으로 그 상황에 대처하라. 그러면 타고난 영혼의 직관(soul-intuition)이 가장 좋은 결과를 가져다줄 것이다.

　이 방법을 연습하는 데는 깊은 집중이 반드시 필요하다는 것을 기억하라. 이 말은 몸을 잔뜩 긴장하라는 것이 아니다. 몸의 긴장을 풀고 고요하면서 신중하게 이 방법을 연습하는데, 그 고요함 속에서 우주진동인 옴AUM에 귀를 기울이고, 거기에 동화되는 자기 자신을 느껴보라. 영혼으로 자기 안에 거하며, 진동으로 자기를 표현하고, 내면에서 들리는 음성의 주인공인 '위대한 영(Great Spirit)'에 접속하도록 '홍사우 호흡'이 도와줄 것이다. 긍정적인 결과가 나오고, 깊은 고요가 떠나지 않을 것이다. 오랜 수련 뒤에는 더 높은 직관이 느껴지고, 무한 능력의 신성한 저장고에 연결되어 있는 자신을 발견하게 될 것이다.

　조급히 굴지 말라. 꾸준함을 유지하라. 밥 먹고 이 닦고 목욕하고 잠자는 평범한 일상에 이 수련을 더하라. 몸과 마음에 더없이 높은 혜택이 있을 것이다.

　다른 모든 것과 마찬가지로 최선의 결과는 하루나 며칠 만에 얻을 수 있는 것이 아니다. 수련하라. 이 방법을 수련한 결과로 오는 고요함을 일상에 적용하라. 그리고 기억하라. 지금 이 말은 나 자신의 경험뿐만 아니라 내가 속한 나라의 수많은 위대한 요기yogi들의 경험에 비추어 하는 말이다. 꾸준히 수련하면 당신도 그들과 같은 경험을 할 수 있다.

[신체의 어느 부분에 집중할 것인가]

이 연습을 하면서 어디에 집중할 것인가? 그렇다, 호흡이다. 하지만 몸에서는?

처음에는 허파와 횡격막의 움직임에 마음이 집중될 것이다. 우선은 신체의 움직임에 집중하라. 그러다가 차츰 마음이 고요해지면 집중의 대상을 몸에서 호흡 자체로 옮겨가라. 숨이 들어오는 콧구멍에서 숨을 알아차리라. 마음이 더욱 고요해지면 콧구멍 어느 부위에서 숨이 가장 강하게 느껴지는지에 집중하라. 처음에는 호흡이 콧구멍 끝 부위에서 느껴다가 집중이 깊어지면 더 깊은 부위에서 느껴질 것이다. 자, 호흡이 가장 강하게 느껴지는 부위가 어디인가? 코의 윗부분? 옆쪽? 바닥? 이렇게 집중하면 자기 마음의 상태를 좀더 분명하게 볼 수 있을 것이다. 코 윗부분에서 느껴지는 호흡은 더 높은 깨어남 쪽으로 흐른다. 낮은 부분에서는 척추속에 있는 에너지 쪽으로 흐른다. 콧구멍 바깥쪽은 외부에 대한 감정의 반응을 향하고 콧구멍 중심은 안으로 움츠리는 흐름을 향한다. 고요가 더욱 깊어지면 양미간의 어느 지점을 통해서 뇌로 들어가는 숨의 흐름이 느껴진다.

호흡의 근원은 '천계天界의 몸'에 있다. 천계의 들숨은 요가 가르침에서 '이다ida'라고 부르는 것을 통해 위로 올라가는 움직임과 같다. 천계의 날숨은 '핑갈라pingala'라는 신경 통로(nerve channel)를 통해 아래로 내려가는 움직임과 같다. 이 통로는 생선을 먹을 때 등뼈와 나란히 있는 두 가닥 작은 신경줄기에서 볼 수 있다.

'이다'를 통해서 위쪽으로 흐르는 에너지는 신체의 들숨에 일치한다. '핑갈라'를 통해서 아래쪽으로 흐르는 에너지는 신체의 날숨에 일치한다. 천계의 호흡은 이렇게 위로 오르고 아래로 내려가는 에너지 흐름으로 이루어진다. 그것으로 사람이 반응을 하게 된다. 위로 오르는 에너지가 강할 때 사람은 긍정적 반응을 하는데, 숨을 깊게 천천히 들이쉴 때도 마찬가지다. 아래로 내려가는 움직임이 더 강할 때 혹은 날숨이 들숨보다 길 때는 한숨을 쉬며 무언가를 거절하는 부정적 반응이 나온다. 들숨이 날숨보다 길면 긍정적 반응이 나온다. 날숨이 길어지면 그만큼 자기 안으로 침잠한다. 잠잘 때는 보통 날숨이 들숨보다 두 배쯤 길다. 들숨과 날숨의 길이가 같으면 속으로 평정平靜을 이룬 것이다.

명상으로 하느님에 대한 지각知覺을 얻었거든 쓸데없는 잡담으로 그것을 낭비하지 말라. 쓸데없는 말들은 총알 같아서 평안이라는 우유통에 구멍을 낸다. 번잡한 농담과 요란한 웃음으로 시간을 낭비하면 속에 아무 남은 것 없는 자신을 보게 될 것이다. 명상으로 얻은 평안의 우유를 의식의 통에 가득 담고 그것을 지키라. 우스갯소리는 가짜 행복이다. 지나친 웃음은 마음에 구멍을 내어 그 속에 담긴 평안이 밖으로 새어나오게 한다.

❖

　직관(intuition)은 무언가에 대한 진실을 곧장 알게 해주는 영혼의 능력이다. 직관의 힘이 없으면 진실을 알 수 없다. 직관은 영혼의 지각(soul-perception)을 의미한다. 감각이나 생각의 도움 없이 곧장 알아버리는 영혼의 힘이다. 직관은 감각이나 이해력은 결코 줄 수 없는 앎을 줄 수 있다.

　학교에서 학생들에게 많은 책을 읽히고 여러 과목을 가르치지만, 직관으로 깨치는 능력인 여섯 번째 감각을 개발하는 법은 가르치지 않는다. 건강과 사업에서 철학과 종교에 이르기까지 많은 사람들이 잘못을 저지른다. 그렇게 많은 사람들이 투자를 잘못하고 그릇된 길을 가는 것은 마음이 직관의 안내를 받지 못하기 때문이다.

　직관을 개발하면 사람은 인과응보의 법칙에서 자유로워질 수 있다. 직관은 정신의 주파수를 조율해, 온갖 잡음으로 혼선을 빚을지도 모를 미래의 모든 진동을 바로잡을 수 있다.

　순수한 이성과 고요한 느낌이 사람을 직관으로 인도한다. 그러므로 직관을 키우기 위해 첫 번째로 필요한 것은 만사에 이성과 느낌을 고요히 하는 것이다. 직관의 능력은 보편적인 상식을 예민하게 단련하고, 내성內省과 분석에 게으르지 않고, 한 방향으로 꾸준히 나아가며, 무엇보다도 명상으로 얻은 고요를 유지하는 것으로 키울 수 있다.

집중과 명상으로 완벽하게 고요한 상태에 들어가면 누구나 심각한 문제를 풀 수 있을 것이다. 명상 뒤에 오는 고요함을 유지하면 올바르게 안내받을 것이다. 직관이 이성을 안내한다. 직관이 커지면 하늘이 무너져도 자신의 앎 속에 든든히 서있을 것이다. 문제를 직관으로 풀고 싶다면 언제든 깊은 명상이나 침묵 속으로 들어가라. 명상할 동안에는 문제를 생각하지 말고, 온몸에 고요한 느낌이 충만하고 호흡이 가지런해질 때까지 계속 명상하라. 그런 다음 하느님께 자신의 직관을 인도해 무엇을 어떻게 해야 할지 알려 달라고 청하라.

먼저 간단한 문제들에 대한 진실을 찾아보라. 그러다가 직관이 어긋남 없이 통하게 되면 큰 문제들에 대한 해결책을 찾아보는 것이다. 예컨대, 사업에 관해 두 가지 제안이 들어왔고 둘 다 마음에 든다. 하지만 둘 가운데 하나를 선택해야 할 경우, 직관이 그것을 제대로 선택하게 해준다. 초인超人들은 모든 일에 직관을 활용하기에 거의 불가능해 보이는 일들을 해결하는 것이다.

이 글을 읽고 있는 당신과 쓰고 있는 나, 그리고 오늘 이 별에 살고 있는 모든 사람이 기껏 한 백년쯤 살 것이다. 큰 사람이든 작은 사람이든 뗏장 아래 눕거나 화장장 아궁이에 던져질 것이다. 지금은 아침, 점심, 저녁을 맛있게 먹지만 언젠가는 침도 못 삼키고 말도 못하는 날이 올 것이다. 입술도 영원히 다물어질 것이다.

이렇게 모든 영혼이 저마다 육신이라는 싸구려 옷을 벗고 불멸의 빛나는 두루마기를 입을 터인데 울긴 왜 우는가? 자신이 불멸하는 존재임을 보여주는 성인들이나 죽음이 무서워 벌벌 떠는 소인배들이나 어차피 죽을 수밖에 없다면, 죽음을 겁낼 이유가 무엇인가? 죽음은 살아있는 모든 것들이 겪어야 하는 보편적 경험이다.

어째서 이 불확실하고 소멸할 수밖에 없는 몸을 안락하게 하는 데 자신에게 주어진 지혜의 보물을 허비한단 말인가? 깨어나라! 썩어버릴 몸이라는 흙더미에서 영원한 지복과 불멸의 열매를 거두라. 감각의 쾌락으로는 결코 신성한 행복이라는 꿀을 채취할 수 없다.

간절하고 강력한 의지의 손길로, 그리고 더욱 깊은 집중력으로 명상과 평화의 벌집을 꽉 쥐어짜면, 영원히 지속되는 안락이라는 꿀이 당신 인생의 양동이 속으로 끊임없이 흘러들어온다.

이 말은 냉소적인 사람이 되어 이 세상의 삶을 즐기지 말라는 것이 아니다. 어떤 것에 지나치게 애착하느라 그것과 헤어져야 할 때 너무 괴로워하지 말라는 얘기다. 육신의 옷을 벗을 때 이 땅에 속한 것들을 아쉬워하지 않으면 뒤에 더 좋은 것들을 얻을 것이다. 아버지 하느님께서 당신이 소중히 여기다 잃어버린 것들을 되찾게 해주실 것이다. 당신이 이 땅에 묶여 자신의 불멸하는 본성을 잊을까봐 그분이 그것들을 거두어가는 것이다.

명상의 힘과 직관적 인식이라는 보물, 그리고 늘 새로운 평화와 즐거움을 습득하라. 남은 여정에서 그것들이 크게 쓸모 있을 것이다. 눈앞의 미망迷妄을 잊으라. 날마다 하느님과 교제하면서 언제든 죽을 준비가 되어있으라. 그 길이 끝나는 마지막 날의 문으로 아버지의 나라에 들어가, 거기서 영원히 살게 될 것이다.

제8장

당신의 전능하고 신성한 본성

Your All-Powerful Divine Nature

[양羊이 된 사자獅子]

뱃속에 아기를 가진 암사자가 먹지 못해서 몸이 차츰 쇠약해졌다. 뱃속 아기가 자라는 만큼 몸이 무거워지는 바람에 빠른 몸놀림으로 먹이를 잡을 수 없었던 것이다.

슬픔과 굶주림으로 포효하던 암사자가 무거운 몸으로 은신처 부근 풀밭에서 잠들었다가 꿈에 풀을 뜯고 있는 양 무리를 보았다. 꿈속에서 그가 양 한 마리를 덮치다가 깜짝 놀라 깨어났다. 그런데 이게 웬 일인가? 꿈이 그대로 실현되어 자기 앞에 방금 잡은 양 한 마리가 누워있고, 다른 양들이 가까운 풀밭에 둘러서서 자기를 바라보고 있는 것이었다. 암사자는 자기가 양을 덮치는 순간 아기 사자가 배 밖으로 나왔다는 사실을 모른 채 자기 꿈이 그대로 된 것에 놀라고 기뻐서 잡은 양을 끌고 숲속으로 들어갔다.

나머지 양들은 사자의 습격에 너무 놀라서 미처 도망칠 수도 없었다. 사자가 다른 데로 가버리자 그들은 공포에서 벗어나 정신을 차리고 망연자실에서 깨어났다. 사라진 친구를 생각하며 슬퍼하던 그들이 풀숲에서 고물거리는 새끼 사자를 발견했다. 어미 양 한 마리가 불쌍한 마음에 새끼 사자를 양자로 삼았다.

어린 사자가 양떼들 가운데서 자라났다. 몇 년 세월이 흐르고, 긴 갈기에 꼬리가 달린 사자가 한 마리 양처럼 다른 양들과 함께 돌아다니고 있었다. 양-사자는 으르렁거리는 대신 음매거리며 고기 아닌 풀을 뜯었다. 채식 사자는 그 행동이 약하고 여린 양과 똑

같았다.

하루는 다른 사자 한 마리가 풀밭을 어슬렁거리다가 양떼를 발견하고 달아나는 양떼 뒤를 힘껏 쫓아갔다. 그러다가 이상한 광경을 목격했다. 커다란 사자 한 마리가 긴 꼬리를 내두르며 양떼 맨 앞에서 달아나고 있었던 것이다.

늙은 사자는 잠깐 걸음을 멈추고 머리를 긁으며 생각했다. '양들이 나를 보고 달아나는 건 이해가 된다만 저 덩치 큰 사자가 양들처럼 달아나는 건 알 수가 없군. 저 사자가 어떻게 된 건지 알아봐야겠다.' 늙은 사자는 배고픈 것도 잊고 힘껏 달려서 달아나는 사자를 따라잡았다. 양-사자가 겁에 질려 기절을 했다. 늙은 사자가 앞발로 양-사자를 흔들어 깨우고는 그를 나무랐다. "도대체 어찌 된 일이야? 왜 너는 나를 보고 달아나는 거야?"

양-사자가 눈을 감고 양처럼 음매거리며 말했다. "제발 저를 놔주세요. 죽이지 마세요. 저는 양떼들 속에서 자란 한 마리 양이랍니다."

"아하, 네가 음매거리는 까닭을 알겠다." 늙은 사자가 잠시 생각했다. 문득 좋은 생각이 떠올라 늙은 사자는 강한 앞발로 양-사자의 갈기를 부여잡고는 풀밭 가에 있는 연못으로 끌고 갔다. 그러고는 양-사자의 모습이 물에 비치도록 머리를 당겼다. 그가 여전히 눈을 감고 있는 양-사자를 흔들며 말했다. "눈을 떠! 눈 떠서 보라고. 너는 양이 아니야!"

양-사자가 구슬픈 목소리로 애원했다. "음매, 음매, 음매, 제발 살려줘요. 절 보내줘요. 저는 사자가 아니랍니다. 힘없고 나약한 양이라고요."

늙은 사자가 양-사자를 마구 흔들어댔다. 양-사자가 마침내 눈을 떠서는 수면에 비친 자기 머리가 늘 보던 양의 머리가 아니라 지금 자기를 흔들고 있는 사자의 머리와 같다는 사실에 깜짝 놀랐다. 늙은 사자가 말했다. "이것 봐, 물에 비친 내 얼굴과 네 얼굴을. 똑같지 않냐? 자, 그러니 이제 음매거리지 말고 으르렁거려봐."

양-사자가 목청을 가다듬어 '으르렁' 해보았다. 하지만 겨우 '매으릉…' 가냘픈 소리가 나올 뿐이었다. 늙은 사자가 계속 으르렁거리면서 양-사자를 부추겼다. 마침내 양-사자 입에서도 힘찬 으르렁 소리가 나왔다. 그렇게 두 사자가 들판을 가로질러 사자 무리 속으로 돌아가 살게 되었다.

이 이야기는 신성한 사자(Divine Lion)의 힘찬 형상으로 태어났으면서도 죽을 수밖에 없는 힘없는 양떼 안에서 먹고 자란 대부분의 우리를 있는 그대로 정확히 묘사하고 있다. 그래서 지금 우리가 전능한 힘으로 포효하며 지혜와 한없는 풍요를 삼키는 대신 두려움, 결핍, 죽음 같은 것들과 더불어 음매거리고 있는 것이다.

이렇게 새끼 사자 이야기에 담긴 가르침이 당신을 명상의 맑은 거울로 데려가서, 마침내 감겼던 지혜의 눈을 뜨고 신성한 사자인 당신의 진짜 얼굴을 보여줄 것이다. 끊임없이 정진하면 두려워하고, 나약하고, 실패하고, 그러다가 죽어가는 자신을 떨쳐버리고 마침내 전능한 불멸의 힘으로 포효하는 법을 배우게 될 것이다.

자유로운 선택권을 부여받은 나는 진실로 하느님의 아들이다. 여태까지 나는 내가 죽을 수밖에 없는 유한한 인간이라는 꿈을 꾸고 있었다. 내 영혼을 가두었던 육신의 울이 바야흐로 부서졌다. 우리 하늘 아버지처럼, 나는 모든 것이다.

하느님을 찾은 사람은 우주와 그 안에 있는 모든 것을 소유한다. 예수는 자신이 하느님과 하나인 것을 아셨다. 그래서 다른 사람들은 할 수 없는 일을 하셨던 것이다. 그러니 그리스도처럼 되는 가장 빠른 길인 명상을 날마다 깊게, 오래 하라. 명상 속에서 하느님과 하나 되기를 갈망하는 것 자체가 순수한 기쁨이다. 명상할 때 당신은 행복할 것이고, 명상을 통해 언제 어디서나 신선한 행복이신 하느님을 만날 때 더욱 행복해질 것이다.

예수가 "여우도 굴이 있고 공중의 새들도 둥지가 있는데 나는 머리 둘 곳이 없다."고 말씀하신 것은 당신의 궁핍한 신세를 한탄하신 게 아니다. 우주가 당신 것이고 어디든 거기가 당신 안방이라서 그런 말씀을 하셨던 것이다. 그런 분이 땅에 속한 다른 피조물

들처럼 당신 몸을 둘 협소한 장소가 따로 필요하겠는가? 예수는 또 이렇게 말씀하셨다. "세상 사람들(물질을 사랑하는 수명이 짧은 사람들)은 먹고 입을 것을 구하지만 너희는 하느님의 나라를 구하라. 그러면 이 모든 것들(재물, 지혜, 행복)이 너희에게 (그것을 구하지 않아도) 더해질 것이다."

　　불멸의 존재들에게 이 땅은 즐거움의 집이고 환희의 장소다. 우리가 이 사실을 잊고서 땅의 놀이(play)가 전부인 줄 알기에 고통 받는 것이다. 우리의 진짜 집은 변하지 않고, 늘 새롭고, 더없이 행복하고, 없는 데가 없는 불멸의 저택이라는 사실을 기억해야 한다. 착하든 못됐든 우리는 영원한 하느님의 자녀다. 하지만 진짜 제 집이 하느님 나라인 것을 잊어버리고 지상의 드라마에 휘말려 들어 스스로를 비참하게 만들고 있다. 우리는 자신이 하느님의 형상으로 빚어진 불멸의 존재라는 것을 배워서 알아야 한다.

　　당신이 이 세상에서든 영원한 나라에서든 결코 싫증내지 않을 유일한 것이 있다. 그것은 하느님과 하나됨에서 오는 언제나 새로운 기쁨이다. 언제나 똑같은 기쁨은 머잖아 지루해질 것이다. 하지만 늘 새로운 기쁨은 영원토록 지속될 것이다. 그런 기쁨은 오직 깊은 명상 속에서만 발견할 수 있다.

　　사치스러운 욕망을 품는 것은 비참하게 살아가는 더없이 확실한 길이다. 물질이나 소유의 노예가 되지 말라. '필수품'마저도 줄이라. 아까운 시간을 영원히 지속되는 행복을 찾는 데 쓰라. 질병, 실패, 죽음 같은 것들로 얼룩진 의식의 스크린 뒤에 변치 않는 불멸의 영혼이 숨어있다. 환영幻影 같은 변화의 장막을 걷어치우고, 불멸하는 자신의 본성을 일으켜 세우라. 변덕스러운 의식을 내면에 있는 변함없는 고요의 왕좌에, 하느님의 보좌에 앉히라. 그렇게 자신의 영혼이 밤낮으로 더없이 큰 지복을 드러내게 하라.

영혼의 본성은 지극히 복되며, 늘 새롭고 끊임없이 바뀌는 기쁨으로 충만한 상태다. 그것은 사람이 육신의 고통이나 죽음을 겪을 때도 떠나지 않고 머물러 있다.

욕망이 없다는 것은 욕심을 부정否定하는 게 아니다. 자기 영혼의 모든 것이 구비된 영원한 유산을 되찾으려면 반드시 '자기통제'를 해야 한다. 먼저, 명상을 통해 이 상태를 구현할 기회를 얻으라. 그런 다음, 몸과 마음과 이 세상을 향해서 주어진 자기 임무를 감당하라. 야망을 포기하고 만사에 비관적일 필요는 없다. 오히려 자신의 참 본성인 영원한 기쁨의 도움을 받아 자기 안에 있는 온갖 고상한 야망을 실현하라. 하느님의 기쁨과 더불어 고상한 경험들을 즐기라. 하늘이 내리는 신성한 기쁨으로 자신의 진짜 임무를 완수하라.

❖

여러분은 모두 신(god)이다. 당신 의식의 물결 아래에 하느님의 현존이 있다. 당신은 마땅히 자기 안을 들여다보아야 한다. 나약한 육신의 물결을 보지 말고 그 아래를 내려다보라. 눈을 감고 자기 앞에 끝없이 광대한 편재遍在(omnipresence)를 보라. 당신이 어디에 있든 그것은 거기에 있다. 그 광대한 계界의 중심에 당신이 있다. 하늘에서 별들이 반짝거리게 하고, 바람과 풍랑을 일으키는 한없는 능력과 지복이 자신의 중심에 가득 채워져 있음을 알게 될 것이다. 하느님은 우리의 모든 기쁨과 자연계에서 일어나는 온갖 일들의 원천이시다.

하느님은 인간의 노력으로 얻을 수 있는 분이 아니다. "너희는 먼저 하느님의 나라를 구하라. 그러면 이 모든 것들이 너희에게 더해질 것이다. 마음으로 의심하지 말라." 무지無知의 어둠에서 자신을 깨우라. 깨어나라, 하느님의 영광을, 만물 위에 비추는 하느님의 빛을 보게 될 것이다. 나는 지금 당신에게 신성한 리얼리스트(realist)가 되라고 말하고 있다. 그러면 하느님 안에서 모든 문제의 답을 얻게 될 것이다.

명상이 그리로 가는 유일한 길이다. 신념이나 독서는 깨달음을 주지 못한다. 오직 바른 명상으로만 그 큰 기쁨과 깨달음을 얻게 될 것이다. 명상을 수련하면 하느님은 맹목적 기도나 아첨하는 말로 움직이는 분이 아님을 알게 된다. 그분은 법과 인간의 전심귀의로, 그리고 당신 가슴의 사랑으로 움직이는 분이시다.

하느님께 굴복하라. 그리고 자신의 '신성한 권리(Divine Right)'를 주장하라. 한결같은 기도, 견고한 결단, 그리고 간절한 열망에 그분은 침묵을 깨뜨리고 당신에게 응답하실 것이다. 침묵의 신전에서 그분은 무덤 너머로까지 이어질 선물을 당신에게 주실 것이다.

극장에서 영화를 볼 때 그 내용을 미리 안다면 펼쳐지는 장면들이 별로 재미없을 것이다. 자기 인생에 대해 미리 모르는 게 다행이다. 하느님이 당신의 삶이라는 영화를 상영하고 계시기 때문이다. 장차 무슨 일이 있을지 먼저 알면 아무 흥미도 없을 것이다. 종막終幕에 대해서는 걱정할 것 없다. 하지만 늘 하느님께 기도드리라. "이 드라마에서 약하거나 강하거나, 병들거나 건강하거나, 부자거나 가난하거나, 저에게 주어진 역할을 불멸하는 존재로서 잘 감당하도록 가르쳐주십시오. 그래서 이 영화가 끝날 때 모든 것이 저에게 온 배움(moral)이라는 것을 알게 해주십시오."

시간을 낭비하지 말라. 당신은 하느님의 위대한 창조물이다. 우리는 생각할 수 있는 복을 받았다. 하느님이 말씀하신다, "내가 너에게 의지를 주었다. 아울러 마음대로 선택할 자유도 주었다. 아마도 너는 이 모든 것을 버리고, 이런 선물을 준 나를 사랑하리라."

나는 무한한 하느님 의식의 바다에 이르려는 내 소망의 은빛 개울을 보았다. 멈추지 않고 내면의 선善을 따른다면 그것이 자기

소망의 강물로 흘러서 마침내 하느님 의식이라는 큰 바다에 이를 것이다. 자신을 힘들게 하던 온갖 것들이 거품처럼 꺼질 것이다. 우리가 오늘은 있지만 내일이면 없을 것이다. 하지만 우리의 모든 삶 뒤에 있는 더없이 큰 '힘'에 대한 우리 임무를 기억해야 한다. 각자의 인생이라는 영화를 찍는 동안에도 그분을 향한 우리의 더없이 막중한 임무를 잊어서는 안된다.

인생을 이해하고 싶다면 그분이 꽃 한 송이에서 이루시는 미세한 작업, 우리의 온갖 생각 속에서 타오르는 그분의 불꽃, 우리 영혼에서 솟구쳐 나오는 생각, 끝없이 너른 우주에서 펼쳐지다가 사라지는 무수한 세계를 기억해야 한다. 얼마나 광대하신 하느님인가! 그럼에도 우리는 의식으로 그분을 느낄 수 있다. 우리 인생(life)은 그 크신 영(Spirit)의 반영反影이다. 그 너머에 있는 생명의 바다 없이는 어떤 생명도 존재할 수 없다. 우리는 자기 인생 너머에서 생명의 큰 바다가 일렁이고 있음을 깨달아야 한다.

자기 자신을 이 세상 작은 움막에 사는 어린아이로 보는 버릇을 비우고, 그 빈자리를 하느님이 주신 습관들(God habits)로 채워야 한다. 인간의 버릇은 이름, 명예, 권력 우습고 쓸데없는 물질의 소유 따위로 맛보는 작고 허무한 행복을 연상하게 한다. 오, 하느님의 왕자여! 가지려면 우주를 가지라. 우주 전체가 그대의 것이기 때문이다. 오, 하느님의 왕자여, 거지같은 에고의 움막을 버리라. 당신이 얼마나 오랜 세월을 낭비했는지, 지금도 물질에 얽매어 살고 있는지 따위는 마음에 두지 말라. 장차 하느님 가슴에 안겨 그분의 온갖 영광을 바라보며 살아갈 영원한 시간에 견주면 지난 세월은 아무것도 아니다. 아무리 오랜 세월 하느님한테서 달아나 잘못을 저질렀다 해도, 이제 더는 끌리지도 않는 에고의 움막을 버리고 영원한 지복의 나라 시민권을 주장할 수 있다.

이 세상 수백 년 세월이 하느님 나라에서는 며칠 아니 몇 시간에 불과하다. 좁고 작은 꿈에서 깨어나 본디 자기 안에 있는 광대함을 깨치라. 지금 당신은 감각의 독毒이 들어있는 꿀맛에 취해 잉잉 날고 있는 꿀벌이다. 오라! 사랑하는 사람이여, 내가 당신에게 하느님이 모든 것에 스며있는 꿀이라는 사실을 보여주리라. 온갖 숭고한 경험을 통해서 그분을 들이키라.

허망한 행위로 더 이상 인간의 버릇들을 기르지 말라. '행위'라는 먹이를 주지 말고 그것들을 서서히 굶겨 죽이라. 오라! 날마다 정성껏 전심으로 명상하자. 그렇게 육신과 감각으로 제한된 믿음과 버릇들을 버리고, 그 빈자리를 당신의 의식에서 되살아난 전능한 본성으로 채우라.

모든 가슴에서 하느님 사랑의 감로를 마시라. 모든 가슴을 하느님 사랑의 신선한 신주神酒가 담긴 잔으로 여기라. 이 신성한 술을 가슴 하나에서만 마시지 말고, 만나는 모든 가슴에서 오직 하느님의 사랑만을 마시라.

명상 중에 맛보는 기쁨으로 하느님 사랑하는 법을 배우라. 승리가 가까이 왔다. 깨달음이라는 목적지를 향해 경주를 시작하기 전에 오직 선한 길만 택하라. 물질적·영적 임무에 들어가면서 하느님을 생각하라. 성취의 넓은 길을 조심스레, 그리고 기쁘게 걸어가는 자신의 발걸음 하나하나에 하느님을 모시라. 선한 행실을 택할 때마다 하느님께서 함께 해주시기를 청하라. 밥상 앞에서 하느님을 생각하고 음식을 먹는 동안에도 하느님을 생각하라. 음식을 다 먹었으면 다시 하느님을 생각하라.

세상에서 하느님을 잊고 무슨 일을 하는 것은 자신의 중심을 하느님한테서 물질로 옮겨놓는 것이다. 그 물질적 본성은 당신을 변화의 소용돌이로 떨어뜨리고 근심과 슬픔으로 질식시킬 것이다. 자신의 참 본성을 되찾으라. 물질을 바라는 대신 하느님을 바라라. 언제나 중심에 있는 평안과 지복으로 하느님을 기억하라. 자신의 평화, 침묵, 기쁨, 명상을 거룩한 제단으로 만들어달라고 하느님께 청하라. 바로 거기서 당신 영혼이 그분을 만나 사귀게 될 것이다. "저의 앎을 하느님의 이끄심이 있는 성전으로 삼으소서." 이것을 자신의 기도로 삼으라.

낮에는 의식의 사원寺院에 하느님의 힘을 모시라. 모든 말과 행동이 하느님 사랑에 얼큰히 취해 비틀거리게 하라. 술을 마셨어도 정신이 맑은 사람처럼 의젓하게 말하고 행동하라. 하느님에 취하라. 그래서 날마다 자신의 행동이 하느님을 기억하는 사원이 되게 하라. 모든 행동으로 그분을 기쁘시게 해드리라. 오직 하느님만 향하는 전심의 무너지지 않는 사원에서 하느님이 당신의 모든 생각을 들어주실 것이다.

잠들기 전, 하느님의 사랑을 가슴 깊은 곳에 모시고 거기에 잠재우라. 당신이 꿈꿀 때 잠의 제단에서 쉬고 있는 그분을 만나게 될 것이다. 실제로 하느님은 당신이 잠잘 때 평화와 기쁨으로 충만한 가슴에 당신을 품어주신다. 그분의 아늑한 품에 안겨 자고 있는 것이다. 그러니 잠들기 전, 꿈속에서 당신이 그분과 함께 할 것임을 잊지 말라.

깊이 잠들거나 명상할 때, 없는 곳 없는 지복이신 그분 품에 안겨있는 것을 느껴보라. 하느님은 당신이 물질에 얽매여 헛되이 살며 받은 온갖 정신적·육체적 고통과 괴로운 기억들을 그분의 복된 손길로 지워주기를 바라신다.

당신의 중심 보좌에 평화와 기쁨을 앉혀드리라. 무슨 일을 하든 그 기쁨을 느껴보라. 그렇게만 한다면, 우주가 무너지고 육신이 이런저런 시련으로 망가져도, 자신의 기억 속에서 영원토록 춤추는 그분을 보게 될 것이다. 기억 속에서 순수한 기쁨이 춤추게 하라. 하느님이 당신과 함께 춤추실 것이다.

한동안 잃어버렸던 '기쁨'이라는 영적 보물을 단단히 움켜잡으라. 마침내 그것을 되찾았으니 남들과 기꺼이 나누며 그것을 더

크게 키우라. 무엇이든 자기만 위해서 지니고 있으면 잃게 되고, 사랑으로 기꺼이 남들에게 내어주면 갈수록 커지는 행복을 거두게 된다는 것을 기억하라. 근심걱정과 이기심은 생명의 길에 출동하는 고속도로 순찰대다. 그것들한테 잡히면 기쁨과 평화를 빼앗긴다. 그러니 '모두 잃어버렸어.'라는 생각이 들더라도 기쁨을 놓치지 않겠다고 굳게 다짐하라. 완전하고 깨지지 않는 기쁨의 달콤하고 고요한 조화에 온갖 어지러운 소음들을 묻어버리라. 모든 동경과 고상한 행동, 고상한 생각의 성소에 기쁨을 앉혀드리라. 그러면 당신 영혼의 왕국을 다스리는 기쁨이신 하느님을 느끼게 되고, 당신의 꿈이라는 하얀 제단 위에 놓인 그분의 왕홀王笏이 모든 생각과 감정과 기억을 꽃으로 피워내실 것이다.

사랑하는 사람이여, 잊지 말고 기억하라. 성스러운 어머니가 잠이라는 장막으로 미숙한 자녀들한테서 어두운 슬픔을 가려주신다. 그러니 엄마 품에 안긴 아이처럼 꿈속으로 들어가라. 거룩하신 하느님의 사랑이 당신의 모든 과거와 지금 하는 생각들을 조건 없이 받아주실 것이다. 그러면 그동안 겪은 온갖 어려움과 안 좋은 일들이 꿈속에서 본 망상妄想이라는 것을 알게 되리라. 당신은 잠들어 나쁜 꿈을 꾸었고, 하느님 안에서 깨어나 오직 기쁨과 선함만이 있다는 것을 알게 된다는 얘기다.

자신의 영혼이 유산을 물려받는 부활의 날에 한결같은 기쁨에 대한 신성한 기억이 되살아나면, 그때 당신은 스스로 만든 온갖 악몽을 잊어버리고 어디에나 있는 완전한 아름다움과 선함을 맑은 눈으로 보게 될 것이다. 왜냐하면 하느님은 안 계신 데가 없으시므로.

그러니 다만 이렇게 기도하라. 이는 내가 드리는 기도이기도 하다. "하늘에 계신 아버지, 당신 사랑의 빛을 영원토록 저의 성소聖所에 비추어주십시오. 온 마음으로 드리는 헌신이 제 기억의 제단에서 영원토록 불타게 해주십시오. 제가 이 세상 모든 가슴의 제단에 당신 사랑의 촛불을 밝힐 수 있게 해주십시오."

옮긴이의 말

누가 죽어가는 이 인간에게 한평생 살면서 가장 힘든 게 무엇이었느냐고 묻는다면 주저 없이 답할 수 있을 것 같다. 주변의 가까운 사람들이 몸과 마음으로 아프게 사는 걸 지켜보면서 아무 도움도 되어주지 못하는, 그게 가장 힘들었다고.

먼저 간 아내가 말기 암환자의 극심한 통증으로 신음할 때 누가 와서 말하기를, 그렇게 슬프고 아픈 표정으로 곁에 있으면 환자가 더 아파할 수 있으니 될수록 환하고 편안한 얼굴을 하라고 했다. 그냥 듣고 말았는데, 다시 말하고 또 말하는지라, 별 수 없이 치미는 화를 누르며 대꾸했다. 그게 안 된다고, 안 하는 게 아니라 안 된다고. 뿌리가 시들어 말라가는데 어떻게 나뭇잎이 싱싱할 수 있단 말이냐고.

가만 보면 사람들이 겪는 이런저런 아픔들이, 특히 마음의 아픔일 경우, 그 대부분은 겪지 않아도 될 아픔들이다. 조금만 미리 알고 대처했더라면 얼마든지 피할 수 있었을, 왔더라도 어렵지 않게 물리칠 수 있었을, 그런 아픔들이란 얘기다. 이게 무슨 말인지, 이 책을 읽다보면 저절로 알게 될 것이다.

이 책으로 '요가난다의 지혜' 시리즈를 마감한다. 이쯤이면 요가난다의 생각을 웬만큼 들여다볼 수 있으리라는 판단에서다.

부디 이 책의 도움으로 독자들께서 저마다 한 번 주어진 인생 건강하게, 보람차게, 그래서 행복하게 사시기를 기원할 따름이다.

고맙습니다. 진정 고맙습니다.

2024. 1. 20.
순천 '목인牧人의 집'에서
무무无無